WAC BUNKO

疑惑

なぜB29《エノラ・ゲイ》は〝反転〟したのか？

長谷川熙

WAC

はじめに

ある既視感がよぎる。まず、そのことから記したい。

本書を書き終えつつあった二〇二〇年（令和二年）の初頭のころから新型コロナウイルスという病原体による呼吸器系の肺炎、そして中枢神経系の髄膜《ずいまく》炎も起こす感染症が中華人民共和国（以下、中国と記す）の武漢《ぶかん》地区で激発した。それが同年四月下旬現在までに、見る見る世界のほとんどの国家・地域に伝播し、公衆衛生の水準が高いと思われる米国、欧州でも猛威を振い、死亡者も尋常でない数にのぼった。日本でも関係法律による緊急事態宣言が特定地区を、次いで全国を対象に発動された。

近過去の、中国その他が発生源の各種の感染症とも異なる強烈な伝播力を持つ様子のこの疾《しっ》病《ぺい》がなぜ中国の武漢地区で発生したのか。海外で言われているように、この新病原体は武漢付近の単数ないし複数の微生物関係施設が流出源か。この問題は、疫学の知力を尽して、新型コロナウイルスというものの生物学的正体とともに厳密な解明が迫られる。今後の世界社会の運営のためにもこれは欠かせない。その際に必要なことは、この感染症に関する究明も徹頭徹尾《てっとうてつび》、事実にのみ忠実な科学の立場を貫き、例えば国際連合の専門機関の世界保健機関（ＷＨＯ、本部はスイスのジュネーブ）あたりの所見を権威化しないことである。各種の経済的、政治的利害が渦巻く国連の場は本来、物事の科学的探究とは縁がない所である。

ここで、冒頭に申した既視感のことに戻る。

本書の主題は、言葉も失うあるやり方で、あの第二次世界大戦の終末時に米国が日本に原子爆弾を投下したその行為の解明であるが、かかる原爆攻撃を受けるに至った当時の日本の終戦史と、新型コロナウイルス感染症の拡大を防ぐべき政府の二〇二〇年初頭における対処のいずれもが不思議にも共通の特徴を帯びていることに目を奪われる。事態がある一線を超えるまでの恐るべき優柔不断と切羽《せっぱ》詰まってからの狼狽《ろうばい》、断行である。本書の主題からは外れるので、日本側の終戦史そのことについては当書ではそう深くは触れていないが、そこの勉強は筆者も重ねて来た。一九四五年（昭和二十年）のあの戦争末期、国家破滅の危局に直面しながら日本の為政者は終戦への時間を無駄に費やしていた。さまざまな罵声にも屈せず、見事な優れた決断を第一次政権以来重ねて来た安倍晋三首相が、中国からの新病原体の襲来に対しては、二〇二〇年当初に時間を空費した。

時代、事柄、背景は異なっても、為政の決定的局面、瞬間に、なぜ時に判断、対処の理解し難い不作為が為政者に忽然《こつぜん》と生じるのであろうか。抱える非常な重荷、重圧からの一種の逃避なのだろうか。

この件についてはは後書きでもなお若干の考察を加えたい。ここで、本書の本来の前書きに移る。

歴史を顧みる時、よく人は軍の暴走を政治が押さえられなかったと言うが、往々にしてそれは逆で、政治の暴挙に軍が従わざるをえなかったというのが真相である。

この本は、一九四五年（昭和二十年）八月六日に、アメリカの当時の超大型爆撃機B29が広島市に史上初めての原子爆弾を落としたその異様な投下飛行に関する調査、勉強の報告であるが、そこで浮上したのは、日本への原爆投下は、ほんの一握りの当時の民主党系の米政治家、科学者らの妄執《もうしゅう》から生じた暴挙で、米軍自体は単なる手駒として使われたに過ぎなかったという事実である。

アメリカが日本に原爆を投下した、第二次世界大戦終末時のあの事件を巡っては、日米双方から少なからぬ出版物が、この数十年にわたって世に出ている。そして、原爆を投下した米側は、その関係の公文書類もすでに数多く開示し、これらは米国メリーランド州の国立第二公文書館や同アラバマ州の空軍史研究センターでコピーもできる。しかし、まことに不思議なことに、原爆を落とした件《くだん》の米機は、では日本上空でどこをどう飛行したのか、これから本書で説明するように、それ次第で日本への原爆投下の性格も随分と違ってくるのだが、これに関する具体的で詳しい記録、記述は、開示されている米国の公文書類はおろか、米側一般の文献類にも見当たらない。しかも、日本上空でどこを飛んだか、それが僅かに顔を出している一、二の地点も米側の資料、文献によって異なっていたり、矛盾がある。そうした実態を年月をかけて解きほぐしながら本書にまで漕ぎ着けた。

繰り返すが、その結果、指弾されるべきは米軍部ではなく米民主党系の政治家、そして有力な科学者たちであったという紛《まぎ》れもない現実である。ご批判をいただけたら幸いである。

長谷川　熙

二〇二〇年四月

疑惑

なぜB29は〝反転〟したのか？

◉目次

※本書の中の英文和訳は、外務省訳と明記してある二箇所を除き、本書の筆者による

第一章

完全な人体実験を遂行するために反転飛行をした

ワシントンで手渡された原爆投下糾弾の冊子

かなり日差しが強かった記憶がある。

アメリカの首都ワシントンの官庁街の辺りを歩いていたら、立っていた西洋系らしき一人の青年から何か冊子を渡された。

歩きながらそれに目を投じたら、「広島についての公開討論を求める歴史家委員会(HISTORIANS' COMMITTEE FOR OPEN DEBATE ON HIROSHIMA)」という名前が記された綴《と》じ込みで、広島、長崎市へのアメリカの原子爆弾投下を巡って、それが実行されようとする一九四五年(昭和二十年)の夏、トルーマン政権の米国要人の間にも実は様々な賛否の考えがあったことを六ページにわたって記録したものだった。

日本に対するあの行為、つまりウラン型とプルトニウム型の二種類の原子爆弾を投下したその真相の究明を含めた反核運動のようなものにでも関わっている一人であったのであろうか。「広島についての公開討論を求める……」というこの冊子作成グループの名称からもそれは容易に推察し得た。一九九五年の八月六日、九日が一九四五年の広島、長崎市への原子爆弾投下の五十周年になるので、その関連の記事を書くために米国に行っていたその時の出来事であった。ページを少しのぞいて慌てて件《くだん》の青年がいた付近に戻ったのだが、彼の姿は見えなかった。

その後、もらったその冊子にじっくり目を通し、痛く刺激を受けた。あの第二次世界大戦の末期、米政権中枢の要人の誰それが、日本への原子爆弾投下は不必要、あるいは不当と強く反対していたその生《なま》の言葉も幾つか収録されていた。対日戦勝の暁《あかつき》には昭和天皇を処刑することを求める声が世論調査でもそこそこの割合で返ってくるほど日本への憎悪が強かったあのアメリカで時の政権の要人が、興奮する民衆層とは逆の考えを抱いていた事実に強い印象を受けたのである（大戦後に昭和天皇をいかに扱うかを問うた対日戦勝利直前の一九四五年六月の米ギャラップ社の世論調査では、「処刑する」が三三パーセント、「投獄か国外に追放する」が二〇パーセント、「天皇の運命は法廷に委ねる」が一七パーセント、「不問に付す」は四パーセント、「傀儡《かいらい》として利用する」が三パーセント、「意見なし」が二三パーセントだった。半数以上が昭和天皇に対する報復を求めている）。

手に入れた先の冊子は以来、あちこちに書き込みをしたり、線を引いたり、色を塗ったりして今も手元にある。では何がどう主張されているのか。それを見詰めながらもう二十数年は経つので、日本でもすでによく知られている原爆投下時期の米要人の異議かもしれないが、念のために一、二を例示してみる。

ルーズベルト、トルーマン政権の大統領付き幕僚長だったウィリアム・リーヒー提督（一九五〇年出版の回顧録『I was there〈私はそこにいた〉』から）。

「広島と長崎へのこの野蛮な武器の使用は対日戦には何の物的助けにもならなかった。これが私の考えである。日本はとうに打倒され、降伏への準備をしていた（It is my opinion that the use of this barbarous weapon at Hiroshima and Nagasaki was of no material assistance in our war against Japan. The Japanese were already defeated and ready to surrender）」

「我々が最初の原爆使用者となったことは、暗黒時代の蛮人と同等の倫理観を採用したのだと感じた。そうした流儀の戦争を私は教えられなかった。戦争とは、女性と子供を殺害して勝利するものではなかった（My own feeling was that in being the first to use it, we had adopted an ethical standard common to the barbarians of the Dark Ages. I was not taught to make war in that fashion, and wars can not be won by destroying women and children）」

第二次世界大戦の欧州連合軍最高司令官で後の第三十四代アメリカ大統領ドワイト・アイゼンハワー将軍（大統領在任後の一九六三年に出版の著書『Mandate for change〈変化への委任〉』の中で、日本に原爆というものを使用することをヘンリー・スティムソン陸軍長官から聞かされた時のことに言及して）。

「直面している事柄（筆者注＝日本に原爆を投下すること）の説明を聞いていて私はとても憂鬱になった。そもそも私はそう確信していたのだが、日本はすでに打倒されてしまっていた。原子爆弾の投下は全く必要ない（略）。多少とも顔を立て得る形での降伏を、この今、日本は必死に求めているのだ。こういう私の反応に陸軍長官はいたく狼狽《ろうばい》していた（During his recitation of the relevant facts, I had been conscious of a feeling of depression and so I voiced to him my grave misgivings, first on the basis of my belief that Japan was already defeated and that dropping the bomb was completely unnecessary（略）. It was my belief that Japan was, at that very moment, seeking some way to surrender with a minimum loss of "face". The Secretary was deeply perturbed by my attitude)」

ルメイの原爆冷眼視

すでに今日までに日本でもほぼ一般の共通知識となっていると思われるが、日本軍の無条件降伏などを迫ったアメリカ側起草の米・英・支（中華民国）のポツダム宣言を日本政府が結局受諾して第二次世界大戦が最終的に終結するその若干前から日本が、なお日ソ中立条約が有効だったソ連（ソヴィエト社会主義共和国連邦）の仲介による対連合国和平を必死に模索し始め、そのことを米側は、東郷茂徳《とうごうしげのり》外相と佐藤尚武《なおたけ》駐ソ大使の間で続く暗号電文の解読によって手に取るように承知していた。

この日本の状況を踏まえて米側には、五月八日に主敵のナチス・ドイツが無条件降伏した以上、もはや日本とは「無条件」に固執しないで早く終戦への然るべき方策をさぐるべきではないか、との論も台頭していた。そもそも無条件降伏とは一九四三年一月の米英首脳のカサブランカ会談の際にフランクリン・ルーズベルト米大統領が記者会見で、三国同盟を結成しているドイツ・イタリア・日本の「無条件降伏（unconditional surrender）」を求めるという発言を、とっさの思い付きか不意にしたことが起源だが、いかなる和睦《わぼく》条件も一切認めず戦勝国は敗戦国を自由に始末できるという「無条件降伏」の要求とは死に物狂いの抗戦を敵側に単に続けさせる愚策と連合国側にも批判が出ていた。

戦局としては敗北したも同然の日本にさらにわざわざ原子爆弾を落とす蛮行を嫌う考えは、冒頭にその論を紹介したリーヒー大統領付き幕僚長やアイゼンハワー欧州連合軍最高司令官のほかにも、陸軍次官補ジョン・マクロイ、海軍長官ジェームズ・フォレスタル、海軍次官ラルフ・バードなど現に対日戦を担っている陸、海軍省の少なからざる要人らにも目立っていた。ワシントンの路上で手渡されたあの冊子には、そうした立場の要職者らの発言も並んでいて、つまるところ第二次大戦が終結期に入っていたあの時、米国のトルーマン政権中枢には、日本に原子爆弾を落とすべきか否かを巡って深刻な対立、亀裂が生じていたことがよく分かる。

先のリーヒー大統領付き幕僚長は、ナチス・ドイツにいち早く降伏したフランス、つまり仏小都市のヴィシーに政府所在地を置いた、いわゆる対独協力のヴィシー政権に、まだ米国が第二次大戦に参入していなかった時期に駐仏大使として派遣されたり、間もなく「大統領付き幕僚長」というルーズベルト大統領によって新設された軍要職を、ルーズベルト大統領死去後のハリー・トルーマン新大統領にも請われて続投していた人で、言うならば、角《かど》のない調整型の人格であったのだろう。米海軍初の元帥《げんすい》にまで昇格している。大統領付き幕僚長とは何らかの執行権限を持つ職能ではなかったとしても、軍事に関する大統領の相談相手、ないし軍に関する情報源だったのであろう。そのリーヒーが、日本への原爆投下には一貫して強く反対であり、また原爆の開発それ自体にも相当の疑問を抱いていたにもかかわらず、対日原爆投下がトルーマン政権で断行されたという事実は興味深い。繰り返すが、この問題でトルーマン政権の中枢部ははっきりと深く分裂していつつ、それでもなお対日投下が、有無を言わさずに国家の意思として強行された。当時の米トルーマン政権のこの深刻な矛盾を、大統領付き幕僚長リーヒーはその一身をもって体現していた、と言える。

片端から大中小都市を焼き払う対日戦略爆撃を、終戦の年の一九四五年の前半に、まず一月二十日付で就いた米陸軍第二一爆撃機集団の司令官として、次いで七月十六日付で新編成された米陸軍第二〇空軍の司令官として、今度は八月二日付で昇進したさらに上位の米陸軍太平洋戦略空軍の参謀長として猛推進した日本破壊の化身とも言うべきカーチス・ルメイも、日本への原子爆弾投下についてはリーヒー提督やアイゼンハワー将軍というはるかに格上の人物と同じく、実は甚だ心穏やかではなかったようなのである。

対日戦も終わって三箇月後の一九四五年十一月十九日に米ニューヨーク市内で開かれた、本人の故郷のオハイオ州の同郷者集会でルメイは、「スーパーフォートリス（超空の要塞）」と呼ばれた当時の超大型爆撃機B29による対日戦略爆撃、つまり日本の大中小都市への無差別絨毯《じゅうたん》爆撃がいかに日本の破滅に効果があったかを詳しく語り、加えてなんと、いかにも原子爆弾というものを忌避するかのように、こう続けたのである。

「この見地からすれば、対日戦を終わらせたのは原子爆弾ではなかった。日本は二つの原子爆弾のいずれかが投下される前にとっくに終わっていた。二つの原子爆弾は面子《メンツ》をあまり失わせずに日本に降伏の機会を与えたに過ぎなかった（With this in view, it is obvious that the atomic bomb did not end the war against Japan. Japan was finished long before either one of the two atomic bombs were dropped. They gave the Japanese an opportunity to surrender without losing too much face)」

半年にもわたって自分が指揮し続けたB29による通常の対日戦略爆撃の凄さも誇りたかったがゆえの原爆冷眼視かもしれないが、それにしても、原爆投下のこと、とくに本書の主題である「反転」作戦という日本への原爆投下のおよそ無気味なやり方に、対日戦略爆撃の主《ぬし》のようなルメイはいったいどう関わったのか、実はほとんど関わりがなかったのか、もし後者だとしたら、それはなぜだったのか。

日本への原爆投下の流れ

同じことを繰り返すが、もう一度ルメイの対日関係の軍歴を見てほしい。

ルメイは第二次大戦が終末に入った一九四五年（昭和二十年）の一月二十日付で、前年の夏に米側が占領していた南方のマリアナ諸島（以前から米領のグアム島を除いて戦前の国際連盟の日本への委任統治領の一つで現在は米自治領の北マリアナ諸島連邦）のグアム島に司令部を置く米陸軍第二一爆撃機集団の、次いで七月十六日付でやはり同島が司令部で第二一爆撃機集団の後継の米陸軍第二〇空軍の各司令官を務め、さらに、広島、長崎市への原爆投下の直前の八月二日付でこの第二〇空軍もその麾下《きか》に入り、司令部もやはりグアム島の米陸軍太平洋戦略空軍の参謀長に昇格した。あの第二次大戦の最後のほぼ半年間に日本の大中小都市はこのマリアナ諸島のサイパン島、テニアン島、グアム島の米基地からの米B29の猛爆撃に晒《さら》された。その時々の肩書は変わっても、この対日戦略爆撃を一貫して推進し続けたのがカーチス・ルメイである。

しかし、このルメイも原子爆弾については、もとよりその計画・製造段階は無関係だったし、最終局面の投下作戦に関しても、その立場から何らかの指示はしたとしても、その詳細には関与していなかったのではないかと思われる。広島、長崎市への原爆投下命令を八月の二日付と八日付で正式に発する組織上の任務を負ったのは米陸軍第二〇空軍であるが、その時にルメイはすでにそこの司令官ではなく、軍組織としてはさらに上位の米陸軍太平洋戦略空軍の、しかし命令権はない参謀長に異動していた。

対日戦勝からそう経《た》たない時にニューヨーク市で開かれたアイオワ州同郷者集会での、原爆に関する先の冷たい発言は、戦勝後の民心の変化を感じての取り繕《つくろ》いを原爆加害者として試みたものではなくルメイの本心、率直な事実認識ではなかったか、と思う。もちろん、自身が指揮した通常の戦略爆撃に花を持たせたい気持もあったのではあろうが、対日戦勝からそう経たない時期なのに、「対日戦の勝利に原爆は無関係」というそっけない指摘は、民主党の米トルーマン政権の対日原爆使用に冷水を浴びせるような深刻な響きを帯びている。むしろ凱旋《がいせん》将軍の対日原爆投下非難演説とでも言うべき内容である。そして、原爆の対日投下についてルメイはさらにこうも言っているのである。

「あのことは全て一貫して文民の決定であった（It was [a] civilian decision all the way through）」（ガー・アルペロヴィッツ著『THE DECISION TO USE THE ATOMIC BOMB〈原子爆弾使用の決定〉』の三四〇ページ）

この問題では、すでに米側で開示されている関係資料などに基づくと、以下のような状況が浮上してくる。

その名前も、広島、長崎市への投下までは一般には極秘にされていた「原子爆弾」については、その投下作戦に関しても、陸軍省管轄の原爆開発特殊機関の「MANHATTAN《マンハッタン》 ENGINEER《エンジニア》 DISTRICT《ディストリクト》」（以下、マンハッタン計画と略称する）の指揮官で工兵将官のレズリー・グローヴズとマンハッタン計画当局が通常の陸海軍組織とは全く別個に、引き抜かれた軍部内の人材たちや関係科学者らと内密に独自の使用計画を策定していたことが、戦後十七年目の一九六二年に出版されたグローヴズの回顧録（『NOW IT CAN BE TOLD THE STORY OF THE MANHATTAN PROJECT〈今は語れる マンハッタン計画物語〉』）によっても、おおむね分かる（原爆開発のマンハッタン計画の本部は米首都ワシントンに置かれたが、初めはニューヨーク市のマンハッタン地区内に予定されたので、この事業はマンハッタンを冠して呼ばれた）。

原爆部隊として知られる、ポール・ティベッツ隊長の第五〇九混成部隊も、通常の陸海軍の命令系統とは実質的に無関係の特殊組織で、カリブ海方面などでの猛訓練を経て一九四五年の五月に入ってから逐次、本土の拠点からマリアナ諸島テニアン島に進出を始めたが、同地でもその行動は既存の対日戦略爆撃部隊とは完全に切り離されていた。この第五〇九混成部隊が既存の命令系統に組み込まれたのは、実際の原爆投下の二十日前の七月十六日である。この日付で同時に、これまでの対日戦略爆撃の陸軍第二一爆撃機集団が新編成の陸軍第二〇空軍に変わり、第五〇九混成部隊も事実上独立した位置づけから通常の作戦部隊のこの第二〇空軍の指揮下に名実ともに置かれることになった。

この対処は、おそらく同じ七月十六日に米ニューメキシコ州の荒涼地でのプルトニウム型原爆の爆発実験が成功し、実戦で原爆が使えることが明らかになったからなのであろう（対日戦に間に合わせられるように、爆発実験はウラン型とプルトニウム型のうち早く爆弾化が可能で、しかし構造が複雑なプルトニウム型一本で行われた）。

　この新編成により陸軍第二一爆撃機集団司令官のルメイは、第五〇九混成部隊が名実ともに所属する新装の陸軍第二〇空軍の司令官となる。が、それまでも第二一爆撃機集団司令官として対日戦略爆撃の第一線総指揮者であったそのルメイも、ある時期までは原子爆弾については全く何も知らなかったようである。このルメイの無知こそ、一般世間にはもちろん、軍の第一線にも原爆の開発は一切が秘密裡に進行していた何よりの証拠である。それでも投下作戦の二カ月弱前の六月半ばに戦略爆撃関係の打ち合わせでワシントンに来たルメイにマンハッタン計画のグローヴズ指揮官が直接、時間を割いて原爆のことも明かした模様だが、ルメイはいまひとつ腑に落ちず、不審な思いを拭えなかったようだ。

　ローリス・ノースタッド陸軍航空隊参謀長が、後でまた触れるように五月二十九日付でマリアナ諸島グアム島基地のルメイ第二一爆撃機集団司令官にルメイと第五〇九混成部隊の関係を示す通達を送ったが、何らかの用心をしてか原子爆弾はなお「開発途上兵器（primary weapons）」としか記されていない。それが七月十六日に陸軍第二〇空軍司令官として、その原爆投下作戦が突然自分の任務となり、ルメイは相当に当惑したのではないか。陸軍第二〇空軍司令官として、得体の知れないその作戦にいささかの反発心が起こり、その関係でかこの陸軍第二〇空軍司令官に身を置いて僅か十七日後に、これも、対日戦略爆撃の最上位組織としてその直近に慌しく新設された米陸軍太平洋戦略空軍の参謀長に異動となった。対日戦略爆撃の最上位の組織の参謀長なのだから、人事上の格から見れば昇進であろうが、参謀任務なので長であろうと命令権はない。史上初の原爆投下の開始に当たり、ワシントンの米陸軍航空隊司令部は、それまでの対日戦略爆撃に大功績があったカーティス・ルメイを、原爆懐疑者だからといって左遷もできず、しかし、第五〇九混成部隊の対日原爆投下も円滑に実行しなければならず、とりあえずルメイを昇格の形で命令権から外したのではないか。

それにしても、戦争終結策を必死に手探りし始めていたその日本に、そして、その事実を日本の外交暗号の完全解読によって十分に知り得ていたトルーマン米政権がなぜ、それも出来上がったばかりのウラン型とプルトニウム型の二種類を、駆け込むかのように二日を挟んで慌てて日本に投下したのか。いささか異様なその行動の謎を解く鍵《かぎ》は、広島市が被爆したその日にいち早く近在から市内に入った海軍技術大尉の若木重敏《わかきしげとし》氏という人が唱えつつもおよそ顧みられなかった米原爆機の「反転」飛行、つまりあの時のその米機の飛行のやり方それ自体にやはり潜んではいなかったか、と私は見た。従って、その鍵を回してドアを開けることはこの場合、広島市へのアメリカの原爆投下飛行の始終を明確に浮上させてみることではないか、と考えた。そこで、その課題に正面から本書で取り組んでみることにしたのである。

原爆機の「反転」はなぜ問題なのか

日本への原子爆弾投下から五十年目に当たる一九九五年に、冒頭で記したように私が米国に取材に出掛けたのは、日本へのそれも世界で最初の原爆投下に関するその後の米国各層の見方を直《じか》に摑《つか》みたかったからだが、そう考えた理由の一つに、ワシントンの国立スミソニアン博物館が企画した自国の対日原爆投下を描く催しに米国の在郷軍人組織などが怒りの声を上げ、博物館と紛争が勃発《ぼっぱつ》し、それが長引いていたことがある。博物館側が企画した内容が、被爆者の無残な姿を露《あらわ》にするなど原爆の残虐性を強調したり、米国のあの行為を暗に糾弾するのが狙いと在郷軍人組織は見て、その催しそのものを阻止する運動を始めたのである。

結局、その企画は、博物館側が折れて、批判色は消し、むしろ対日戦勝の最後を飾った戦闘といったごく無難で凡庸な展示となってしまったが、この関係の調査と合わせてその時の訪米で私は、先のように若木重敏氏が以前から出版物（『広島反転爆撃の証明』一九八九年文藝春秋刊など）で主張していた日本上空での原爆機「反転」の真否にもこの際少しでも自ら近づいてみたいという狙いもあった。繰り返すが、この若木説は一般的には何かの思い込みから生じた馬鹿話と受け取られてか、日本ではまずほとんど一顧だにされなかった。また米国ではこの説の存在すらも、おそらく例外的な人を除いては知られていないのではないか。すでに高齢だった若木氏は、質問をする私の面前でも、そういう状況に苛立ちを募らせていた。

では、米原爆機は日本上空で「反転」したとする若木氏の主張とは具体的にはいかなるものだったか。

簡潔に括《くく》れば、広島市に原子爆弾を投下した米機の作戦とは、マリアナ諸島テニアン島の米航空基地から広島市に直行してさっと原爆を落として帰ったという、「ヒロシマ」に関する各種の米側文献などに記述され、今日では日本も含めて常識化しているような、およそ単純なものではなく、日本に達してからいったん広島市を西から東へと、普通の地図で言えば左から右へと通過し、ある時点で瀬戸内海の東、つまり右の方から「反転」して今度はジグザグに東から西へと、地図で辿れば右から左へと逆に向い、広島市内に突進したというのである。

その「反転」の時点とは日本側の、敵機の空襲のおそれがある場合に出される警戒警報が解除されたほぼその辺りで、若木氏のこの「反転」襲撃説が正しければ、米側が実行したとみられるある恐怖の作戦、要するに広島市を対象にした最大限の人体実験を証明することにも繋がり、広島市へのアメリカの原子爆弾投下は新しい視点で根本から見直さなくてはならなくなる（広島、長崎市へ米原爆機が発進し帰着したテニアン島の滑走路はいま現在廃墟として残っているが、その近くには米内務省所管の「国立歴史記念地〈NATIONAL HISTORIC LANDMARK〉」という碑が立っていて、その碑には「この場所はアメリカ合衆国の歴史を想起する点で重要な意義を持っている」と記されている。なお、このテニアン島内には日本海軍の第一航空艦隊司令部の残骸も残っている）。

若木氏の説に加えて言うならば、世間からは無視されているこの説に注目した例外的な人が現代史家の秦郁彦《はたいくひこ》氏で、氏は自身の著書『昭和史の謎を追う』下巻（一九九三年文藝春秋刊）でも、その真否に関する結論は保留しつつも若木説に一章（第24章）を割き、その説は単なる際《きわ》物《もの》ではないと、その注目点を指摘している。

広島市へ原子爆弾を投下した米機は、そこへ至るまでに日本上空で迂回する奇妙な「反転」の飛行をしていたと主張してやまなかった若木氏とはいかなる来歴の人であったか。

防空壕に入っていれば助かった！

弱冠二十九歳で広島県呉《くれ》市内の海軍呉工廠《こうしょう》砲熕《ほうこう》実験部弾薬科理化学班の班長だった京都帝国大学理学部卒の海軍技術大尉若木重敏氏は、戦争終末期は広島市内の広島文理科大学（広島高等師範学校の上部校）内に大部分が疎開した砲熕実験部弾薬科理化学班のその分室長として、そこの海軍技術将校や勤労動員の学徒、女子挺身隊員（勤労動員された十四～二十五歳の未婚の女性）など二十数人を率いていた。広島県呉市には日本海軍の最大級の軍港があり、米機の猛爆撃を受けていたので、呉より広島市内の方がむしろ安全と考えられていたのだ。戦後も半世紀近く経って私が若木氏に初めてあったころ氏は戦後に再就職した協和発酵工業の副社長から相談役へと退いていて、従って自身の以前からの宿題である、米原爆機の広島市「反転」襲撃の証明に専《もっぱ》ら時間を割いていたように思われた。氏は協和発酵工業のアメリカ法人の社長をしていたこともあり、親米であったが、それと歴史の真相の追求は別との考えで、横浜市内の氏の自宅には、この原爆投下関係の各種の資料がたくさん集められていた。なお、本書の本題とは関係ないが、戦後の協和発酵工業時代に若木氏は抗がん剤の研究・開発で紫綬褒章、高松宮妃癌《がん》研究基金学術賞を受けてもいる。

一九九五年の前年あたりから私は若木説の勉強、追究に日常の取材、執筆の合間を縫っては取り組んでいたが、分かりにくい点や疑問が出ては氏を苛立たせ、叱られもした。前出の九五年の渡米取材の際は取材の道案内をするような助言、注文をアメリカまでも若木氏からファクシミリで何度となく受け取ったが、この問題に関する限り、その時のアメリカでの取材は実らなかった。広島市に原爆を落とした第五〇九混成部隊の米機「エノラ・ゲイ」のポール・ティベッツ機長（二〇〇七年十一月一日に九十二歳で死去）が住むオハイオ州都のコロンバス市にも行き、ティベッツ元機長への取材も試みたが成功しなかった（知られているように、広島市に史上初の原子爆弾を落とした米機の名称の「エノラ・ゲイ」は同機のティベッツ機長の母の名前であるが、かかる発想は日本では考えにくい）。

若木説の真否を巡るこうした追求を、この時のアメリカでばかりでなく日本国内でも時間を得ては続けていると、一九四五年（昭和二十年）八月六日（月曜日）朝八時十五分十五秒ないし十七秒（三十秒という文献もある）に投下され、その四十三秒後に瞬時に生じた広島市内のあの惨状が、さまざまな資料、生き延び得た人の体験などを通して、時空の隔たりが消えたかのように否応《いやおう》なく眼前に迫ってきた。ここで、若木氏の「反転」説に深く鍬《くわ》を入れていく前に、言葉も失うあの朝の光景にも、おおむね人々の共通の知識とはなっていても、やはり筆を及ぼしておきたい。それは若木説を、やや遠回りしながらも実は裏付けているのではないか、と思われる現象でもあるからである。

広島市への原子爆弾投下による死者は、広島市役所によると、即死が七万八千人台、放射線による急性傷害が一応おさまったとみられるその年の年末までを含めると計約十四万人（誤差はプラスマイナス一万人）と推定されている。放射線障害という、即死ではなくとも高熱、吐出血、嘔吐、悪心《おしん》、脱水症状などで悶えつつ息絶える特異な疾患の発生があり、そうした死者は、被爆から日にちが過ぎても実際は即死に近く、そう考えると、年末までの死者十四万人(誤差一万人)は即死・準即死と考えられる。この死者推定数は、当時市外からの多数の通勤者なども含めて広島市内にいたと見込まれる約三十五万人の四〇%にも達する。あの時、広島県庁、広島市役所なども壊滅し、それらの行政機能は消滅してしまったので、以上の数字は全くの概数である。そして、年月が過ぎるうちに母体内での被爆障害である小頭症の子の誕生などさまざまな原爆症が発生する。

被爆のその朝、たまたま出張中だった広島県知事は助かったが、米軍との本土決戦に備えて中国地方の五県などを自立の行政指揮下に置く新設の中国地方総監も広島市長も、そして広島市内の警察官も多くが死亡した。中国地方を管轄する陸軍組織で爆心から八百メートルほどの、旧広島城敷地内に置かれていた中国軍管区司令部も壊滅し、すでに司令部内にいたり出勤中の参謀など多数が斃《たお》れ、出勤前の司令官も絶命した。こうして中国軍管区司令部の機能も、広島市内の管下諸部隊のそれもほとんど潰《つい》えた。

この中国軍管区司令部には旧制の私立比治山《ひじやま》高等女学校の生徒らが半地下の通信部門などに学徒動員されていたが、その七割が犠牲になった。床に叩き付けられ、一時気を失ったが生き残った比治山高女三年で十四歳の岡ヨシエさん（二〇一七年五月十九日に他界）は、やっと一本だけ広島県福山市の歩兵第四一連隊留守部隊への線が通じ、「大変です。広島市全滅」と叫んだ。外部への広島市崩壊の第一報と言われている。意識が戻った岡少女は半地下施設から出て広島城の堀の石垣から市内を見下ろしたら、見渡す限り瓦礫の廃墟だった。建物は消え、遠くに広島湾が見えたのだ。広島城内の地上に散乱している将兵の遺骸は頭、腹が割れ、脳、腸が飛び出していた。岡ヨシエ少女が爆死しなかったのは、勤務の半地下の部署が地表にすぐの細長い空隙《くうげき》を通してしか外部に開いていなかったからで、この空隙も爆心とは逆を向いていた。

　通勤途中などの一般の人々のほか、空襲時の延焼を防ぐために、繰り返し改正された防空法に基づき家屋密集地に空き地を作る解体作業などに動員されていた旧制中学校、旧制高等女学校の生徒たちも多くが即死だった。これら各種の動員学徒の八月六日の広島市内への出動数は、一九五九年（昭和三十四年）の広島市と「広島県動員学徒犠牲者の会」の共同調査によれば、野外での建物取り壊し作業従事者が九千百十一人、事業所内での作業従事者が一万四千百四十三人で、うち死亡者は前者が六一・七パーセントの五千六百十八人、後者が四・六パーセントの六百四十五人だった。屋外での死亡が比較にならないほど圧倒的に多い。

　こう見てくると、この大惨状の中でもある特徴的な事実が生じていることに気付かされる。

　例えば、八月六日の事態からまだ四日後の八月十日付で海軍呉鎮守府《ちんじゅふ》衛生部は「八月六日広島空襲被害状況並《ならび》ニ対策（第二報）」という文書を出し、その「D戦訓」の所でこう記述している（振り仮名をふる）。

「4、防空壕ハ爆心地ニ於テスラ簡単ナルモノ（但《ただ》シ被蓋板張《ひがいいたばり》又ハ丸木渡《まるきわた》シ）ニテ崩壊ヲ認メズ
5、同右ニヨリ中心部ニ近キニ不拘助《かかわらずたすか》リタル一家アリ　衣服ニモ変化ナシ（距離爆心ヨリ一粁《キロ》）」

と記述し、しっかりした防空壕なら爆心付近でも大丈夫との結論を下しているのである。さらにこの海軍呉鎮守府衛生部は、

「（筆者注＝爆風の）傷者多発ノ原因トシテハ当時警戒警報解除後ニシテ多人数屋外ニアリ又《また》伏セノ姿勢ヲ採ラザリシ爲《ため》ナラント思考ス」

とも判断している。

通常の爆撃は受け続けていたが原子爆弾は免れた海軍呉鎮守府からも救援部隊が廃墟の広島市内に次々と入った。一方、広島湾に臨む広島市宇品《うじな》地区を中心に海上輸送、海上挺身戦など

に特化した、海軍とは別の陸軍独自の海上諸部隊が佐伯《さえき》文郎《ぶんろう》陸軍船舶司令官（陸軍士官学校卒第23期）の指揮下に広く展開していた。海上関係のこの陸軍部隊の幾つかは爆心から四、五キロくらい離れていて大被害は免れ得たので、佐伯司令官の命令で被爆のその六日から大がかりな救援作戦を直ちに開始し、被爆者の応急の治療、船舶関係部隊を含む周辺の公的施設への収容、医薬品、食料の供給など広島市崩壊時の初期対処に非常に大きな役割を果した。当然の行動であったかもしれないが、当時のこの陸海軍の必死の救援が戦後に無視されているのは残念である〈本土決戦に備えて山陽本線広島駅の北方に置かれた西日本防衛の陸軍第二総軍司令部〈昭和二十年四月七日発足〉は爆心から約二キロと比較的近距離だったが、爆心から約八百メートルの中国軍管区司令部のように潰滅はせず、陸軍の最上級前線組織としての総軍の権限で当時の憲法に基づく戒厳令を宣告し、昭和天皇が終戦放送をする八月十五日まで県庁、市役所なども隷下に置き、救援などの総指揮をした。直下に実働部隊を持つ佐伯船舶司令官の果断な対処も、法制上は第二総軍の戒厳令に基づく行動と跡づける見方もある）。

この陸軍船舶司令部が次々と隷下に発した指示の中に「六、流言ノ取締ノ爲新型爆弾ニ対シ防空壕ノ価値大ナルコトヲ推奨シ『何トカ手ハアル』ノ信念ヲ確保セシムルモノトス」という一文がある。これは決して戦意高揚の大言壮語ではなく、被爆当日からの被爆者救援作戦で摑んだ被爆地の実態であったのだ。

以前、広島大学原爆放射線医科学研究所教授であった星正治《ほしまさはる》氏からこう聞かされたことがある。

「一・五メートル以上深く地下にいたら人体への原爆の影響はまずないということは当然アメリカでは分かっていたと思います。放射線も熱線も防げる。爆風はちょっとした溝《みぞ》に隠れていただけでも、まったく影響が違う。しっかりした防空壕に入っていたら、爆心地の付近でも人々は助かっていたでしょう」

爆心地を笑いながら歩いていた少女たち

こう見てくると、若木氏が本などで書き、私にもしきりと口にされていたあの事が非常に説得力を持ってくる。八月六日昼、広島市内の方から怪我ひとつしていない元気な少女たちが歩いてくるのに出会った話である。

ここで、八月六日の若木海軍技術大尉の体験を差し挟《はさ》む。

広島市にほど近い町に土地の人の家の二階の部屋を借り、出産間もない妻と住んでいた若木氏は八月六日朝、大閃光に続く物凄い爆発音、爆風にその間借りの家で襲われた。

いったいどこで何が発生したのか。ともかく若木氏は勤務先のある広島市内に急ごうとしたが、鉄道は不通と最寄り駅で知らされ、しかし駅でも何が起きたのか分からない。ただ、広島市の方向の空に異様な黒い雲が沸き上がっている。広島文理科大学の構内に設けられた、海軍呉工廠の一部門の分室の長である若木技術大尉は、警察官を乗せた自動車に便乗したりして広島市内に向ううちに血、泥にまみれ、喚く、裸体の人々の流れに入ってしまう。広島文理科大に辿り着くまでの一日がかりの苦難は省くが、そんな途中のある場所で、きちんとした服装の、綺麗なリュックサックを背にした元気そうな少女の一群に若木大尉はぶつかる。ハイキングにでも出掛けるような明るさで、小さい声ではあるが笑ってもいた。不審に思い若木大尉は「どうもなかったのか」と問うたら、警報が解除になったのを知らないでそのまま防空壕に残っていた、と告げられた。広島市内のどの辺りの防空壕だったのかまでは若木大尉も尋ねていなかったようだが、あの酸鼻《さんび》をきわめる光景の中でこの明るい無傷の、服の乱れもない何人もの少女を見て若木大尉は、しっかりした防空壕に入ってさえいたら原子爆弾にも耐えられた、と後に確信する。

この少女たちの一件とは別にこういう話もある。

延焼防止の建物解体作業に動員されていた中学校一年の生徒の一人が作業前の点呼が始まろうとした時に、外れかけた上着のボタンを付け直そうと、そばの防空壕に入ったその直後に光り、轟音と共に壕の奥に吹き飛ばされ、一時気を失ったが、間もなく壕の外に這い出たら、解体作業に集合していた生徒の集団は消え、付近の建物は崩れていた。このことをすでに七十代後半に入っていたその時の少年から二〇〇九年に聞かされた。

あの朝の八時ごろ、広島地区で空襲警報（この方面では四秒ずつのサイレン吹鳴《すいめい》を八秒の間を置いて十回）はもちろん、せめて、いつ空襲警報に繋がるかもしれない警戒警報（三分連続のサイレン吹鳴）でも発令されていたら、そこそこしっかりした覆いのある防空壕が、十分とは言えなくても市内の所どころに造られていたので、ぎゅう詰めになってもそうした壕にでも待避できていたら、その年のとりあえず十二月末までの即死、準即死合わせて十四万人（誤差一万人）というむごたらしい被爆死は生じなかったのではないか。警報が鳴っていたら作業直前の先の中学校一年の他の生徒たちもそばのその防空壕に入っていて助かっていたと思われる。

警報解除ですぐ「反転」

ここに、広島市へのアメリカの原子爆弾投下に関わる深刻な問題が秘められている。

要するに、原子爆弾が「エノラ・ゲイ」から投下された時、空襲警報も、その前段階の警戒警報も発令されてなく、従っていずれの場合のサイレンも鳴っていなかった。米国で出版された「ヒロシマ」関係の著作には、あの時に、それがいずれなのかは明記されていなくても警報は出されたと書かれているものが散見されるが（例えば一九九五年出版のゴードン・トーマスとマックス・モーガン-ヴィッツ共著の『ENOLA GAY—MISSION TO HIROSHIMA〈エノラ・ゲイ—広島への任務〉』など）、それらは著者の故意か過失かは不明だが事実ではない。広島市への原子爆弾投下の被害、日本側の対処などを詳細に記録した広島県、広島市など発行のいずれの文献でも無警報状態であったことが確認されている。また、中国軍管区司令部の関係者も含めて広島市内の生存者、近接地域の人々の証言類、回顧録類も調べ得た限り、警報を出した、出ていたと記述しているものはない。

広島地区への警報発令は、軍のほか、防空法、勅令の防空監視隊令に基づく内務省（警察）系統の各防空監視哨からの情報に基づいて広島城敷地内の中国軍管区司令部から行われていた。八月六日朝も、「エノラ・ゲイ」など三機に相当する米機の高空飛行はおおむね捉えられていて、少数機なので偵察か気象観測としても一応警戒警報は出そうとその発令の間際までいったところで、この中国軍管区司令部そのものが、原爆投下でほとんど消滅してしまったのである。そこに学徒動員されていたが、自分の受け持ち部署が半地下だったため、奇跡的に命に別状はなかった岡ヨシエ少女のことは先に触れた。

仕事開始の月曜日朝だった八月六日のあの被爆時刻、当然のことだが無警報状態の広島市内は山陽本線の広島駅も、路面電車も、バスも、市の中心部は路上も人の切れ目がなかった。そこへ原子爆弾が炸裂した。

広島文理科大構内の海軍呉工廠砲熕実験部弾薬科理化学班の分室に、そこの長の若木海軍技術大尉はやっとの思いで辿り着いたが、そこは爆心から千数百メートルしか離れてなく、やはり壊滅状態だった。被爆時はまだ出勤していない人もいたからか勤務者の犠牲は比較的少なかったが、もはや作業できる状態ではなく、事後の始末もあり若木大尉は翌七日、救援に出動していた海軍呉鎮守府の車でいったん呉市に戻る。そして、たまたま同日夜に鎮守府内で開かれた、広島市の事態を究明する検討会に出席した。

そこには、それまでに呉鎮守府に集っていた各種の情報が集中的に報告され、被害の実態はもとより、ほぼ広島全市街を一瞬のうちに消滅させた「何か」を巡って論議は沸騰《ふっとう》した。そして、「何か」を投下した米B29はどこからどう飛来したかに関しても、多少ではあるが話が出た。

そんな中で、その米機は広島市の上空をいったん通り過ぎ、後に「反転」して広島市内に再飛来したとの見方が紹介され、それについてはとくに甲論乙駁《こうろんおつばく》はなかったものの、「何か」を広島市内に落としたそのB29は「反転」して来たのだという情報に接した若木大尉は自分のメモ帳に何気《なにげ》なく「反転なぜ」と記していた。以来、原爆を投下したそのB29の「反転」飛行は若木氏の記憶に深く沈潜する。日本の敗戦後、若木氏は前出の民間企業で活躍し、抗がん剤の開発にも貢献して人生を全うするが、あの昭和二十年八月七日夜の海軍呉鎮守府の検討会で言われ、とくに反論もなかった米原爆機「反転」の話は、時を経ても脳裏を去らなかった。あれはいったい何だったのか、と。

漠然とではあるが若木氏の記憶の中で浮沈していた、自分自身の体験でもあった三つの要素が一つの連鎖を形成していった。

①無警報状態だった②早朝の通勤時刻だった③海軍呉鎮守府の検討会で米機「反転」の情報が出ていた。警戒警報が解除されていた広島市内は通勤の人々などが大勢地上に露出していた。そこを狙って、脱去したはずの米機が「反転」して原爆を落とし、一挙に虐殺の最大化を果たそうとした――。

ただ、原子爆弾の猛威を、憎むべき敵日本に、あるいは全世界にも顕示したいなら、ただ一個の原爆で一都市を全滅して見せるだけで十分ではないか、なぜことさら通り過ぎて警報を解除させ、地上に人々を露出させてまで大人口を丸ごと被爆させようとしたのか、一発でどれほど人を殺せるか、それを世界に誇示して見せたかったのか。うっすらと若木氏が、そして、やがて私が確実に突き当たったのが人体実験、それも戦争だから試みることができる一都市全体を対象にしたそれである。

しかし、アメリカ企業との事業連携にも自社が進み出し、それゆえの対米配慮からも若木氏は米原爆機の「反転」投下の究明からは遠ざかっていたが、その役から離れ、そして会社の現役からも退いたころ、たまたま私は若木氏の存在を知り、氏の関心事への調査に、日常の取材、執筆の合間にではあるが、徐々に取り組むようになっていた。だが、氏の「反転」説を確実に裏付ける日米双方の記録、文書類が一九九五年の渡米の際もその後も十分には得られずに日は過ぎて行った。

だが、この問題の勉強、追求をなお諦《あきら》められずに再着手し始めていた二〇〇九年にまさにこの件でテレビ朝日の「報道ステーション」番組チームの協力を得て、幸いにも再び米国で取材する機会に恵まれた。その際の調べも吸収してテレビ朝日は同番組でこの件に関しての問題提起をする一方、私も朝日新聞社の週刊の雑誌『AERA《アエラ》』の二〇〇九年八月十日号でなお途中段階ではあったが、やはり問題追求のとりあえずの記事を発表することができた。ただ、そのころ当の若木氏は病床に伏しがちのようで、アメリカでの再度の取材に当たっての助言を願うことは無理だった。そして日を経て、被爆の直後のあの広島市内を体験した元海軍技術大尉の若木氏は不帰の客となった。

願ってもない人体実験だった

さらに年月が過ぎ、日本上空で米原爆機の「反転」飛行があったことを主張した若木氏の説の真否に三たびの挑戦をすべく私は二〇一八年末から二〇一九年の真夏にかけて幾つかの調べに身を入れた。これまでの二十数年にわたって日米で収集し得た多くの資料、文献類の読破、再整理、分析にも取り組んだ。若木説を否定する観点にも身を置いて、その辻褄が合わない所を見つける努力もした。が、その結果は逆に若木説の整合性を際立たせることにもなった。

以下は、「エノラ・ゲイ」などアメリカの原爆関係三機の日本上空での「反転」飛行とその目的の、現在までの調査に基づく、しかし極力要点を絞った証明である。その途中で、ひたすら日本への原爆投下にほんの一握りの、いや僅か二、三の人物がただ猛進したトルーマン米民主党政権の実相と、無意識にではあっても、このトルーマン政権を確実に助けてしまった日本のその時の鈴木貫太郎首相とその内閣の致命的失態を挿入する。

「エノラ・ゲイ」など三機の「反転」とその狙いを証明する手始めとしては、以前、米メリーランド州の国立第二公文書館や米アラバマ州マクスウェルの米空軍史研究センターが所蔵し、それをコピーさせてもらっていた一連の公文書の中の一つを、他にも増して再重視せざるをえなくなっている。それは、在ワシントンの米陸軍航空隊参謀長のローリス・ノースタッドが、広島市への原爆投下の二箇月以上前の一九四五年五月二十九日付で対日戦略爆撃を推進している米陸軍第二一爆撃機集団司令官でマリアナ諸島グアム島基地のカーティス・ルメイに宛てた長い書面の次の最終項目である。原爆部隊の第五〇九混成部隊は一九四四年十二月十七日に正式に発足し、四五年五月十八日に米本土からマリアナ諸島のテニアン島基地に第一陣が到着し、場所を確保しつつあったが、なお事実上独立した存在で、テニアン島基地でも訝《いぶか》しい目で見られていた。ノースタッドの左記の伝達がワシントンからグアム島に発信されたこの時点で、それを受けたルメイがノースタッドからの文中の「開発途上兵器（primary weapons）」とは何か、そしてその破壊力をどこまで明確に理解し得ていたか否かは分からない。ともあれ、ノースタッド伝達の中の次の肝心な部分を見てみたい。

「第五〇九グループは貴下の指揮、管理下に入る。しかし、この企ての性格は実験であるがゆえに所要の指揮は当司令部が行使するであろう。とりわけこの開発途上兵器はなお初期の段階にあり、かつ投下目標の関係もあってそうするのである。いまのところ、京都、広島、新潟がこの兵器の破壊目標として確保されている。この兵器の今後の発展のために最大限の結果および情報を得るべく、作戦計画は第五〇九グループに配属された特務要員との緊密な共同作業により立てられるべきである（The 590th Group will be under your command and control, but because of the experimental nature of the project considerable control may be exercised from this headquarters, especially in the initial phases, with regard to the targets for the primary weapons. At present, Kyoto, Hiroshima, and Niigata have been reserved for destruction by these and operational plans should be worked out in close cooperation with the key personnel assigned and attached to the Group, to get the maximum results and obtain the maximum information for further development of the weapon）」

ワシントンのノースタッド参謀長からグアム島のルメイ司令官への以上の示達《じたつ》は、日本へのこの爆弾の投下は、これから同兵器をさらに発展させていくための情報を可能な限り入手する実験なので、第五〇九混成部隊に派遣されたkey personnel《キーパーソネル》（特務要員）にしっかり協力せよ、必要な指揮は現地でなくワシントンで行うという極めて重大な内容である。そして文面から強く感じられるのは、この「開発途上兵器（primary weapons）」の扱いは当面ワシントンで行うが、だからと言ってそっぽを向くんではないぞと噛んで含めるように言い聞かせている匂いがあることだ。このノースタッド通達一つで日本への原爆投下とは何だったのか、その一切が分かるように思われる。

要するに一発の原爆で一つの都市がいかに消滅し、どれほど多くの人間がどのように死に、傷害を受けるかを見てみたかったのである。この米公文書は、「秘密指定」が解除されていたので、一九九五年の渡米の際に前出の国立第二公文書館や米空軍史研究センターでコピーできた。とうに秘密とされていないということは、米側では、相当な人口を抱える現実の生きた都市への原爆投下は、戦中だから可能な願ってもない科学実験、人体実験であったことが、もちろんそうとは公然と口には出さないまでも、暗黙の常識となっていたことをうかがわせてくれる。

また、このノースタッド参謀長発信は、警報が解除され、人々が地上に露出しているその時を衝《つ》く「エノラ・ゲイ」など三機の「反転」飛行が企てられたまさにその背景を露《あらわ》にしている、と見ることができる。

そして、いかに米側はこの実験結果を示す諸材料を至急に確保したかったか。対日原爆投下のこの実相を露骨に示した別の公文書もある。それはマンハッタン計画指揮官のレズリー・グローヴズが、第五〇九混成部隊基地のマリアナ諸島テニアン島に進出していたマンハッタン計画指揮官代理のトーマス・ファーレルに発信した八月十一日付の指令である。

広島、長崎市への原子爆弾投下は終わったが、なお天皇制度の存続を巡って日米が終戦直前の鍔迫《つばぜ》り合いをしているその最中でまだ日本政府もポツダム宣言の無条件受諾には至ってなく、天皇制度に関する米側の返答次第では鈴木貫太郎内閣も陸軍中枢の求める「一億玉砕」の本土決戦に突入する覚悟をしていた。日本占領の連合国側の一兵たりともちろん日本本土にまだ足を踏み入れていない終戦前のこの段階で、グローヴズ指揮官は、早くも広島、長崎市で被爆人体の病理標本（pathological specimens）を採集するそのやり方などの詳細を伝えているのである。

指揮官代理ファーレルへの指揮官グローヴズのこの指示の全貌が分かる文書の触《さわ》りと思われる一部は、例えば放射線影響の病理標本の確保、存命の被爆者に対する聴問や、とりあえずの死傷統計、残存放射線の計測などがそれぞれ何月何日からどういう米側専門家によって行われるかを示し、そして、放射線影響の病理標本は米本土のどこの研究機関へ、被爆者聴問ノートならどこへと、一つ一つ送付先が明記されている。グローヴズ指揮官のこの文書には、米本土からの関係分野の専門家の活動を、テニアン島の前線から日本に進駐するファーレル指揮官代理側がいかに助け、連携していくべきかも詳しく記述されている。

京都に原爆を落としたかったグローヴズ

こうした多くの分野の専門家の被爆地などへの派遣や各種の研究機関への収集標本などの送

付はそれ相応の長期の事前準備が欠かせない。この手配、協力要請などは、終戦の前後にあたふたと済ませられるものではない。日本への原子爆弾投下は、その最終決定までにトルーマン政権内で幾多の議論、是非の対立はあったにしても、一方で、人間の大集団を実験動物《モルモット》としてそこへ核を炸裂させる前代未聞《ぜんだいみもん》の巨大人体実験の構想それ自体は比較的早くから浮上していて、それに対応する多分野の研究機関などとの調整も着々と時間をかけて進められていたことを、ファーレル指揮官代理へのグローヴズ指揮官のこうした文書は明確に示してくれている。通常の戦略爆撃ですでに崩壊状態の当時の日本の状況からもはや軍事的には無用の原爆投下ではあっても、何としても日本人を広島市の人々をグローブズは最高のモルモットとして使いたかったのである。

マンハッタン計画指揮官のグローヴズは、実験材料として最好適の京都市を原爆投下地にすることをスティムソン陸軍長官が断固として拒絶したことがよほど悔しく不満であったのであろう。後世まで残るであろう自分の前出の回顧録（『NOW IT CAN BE TOLD〈今は語れる〉』）にこう書いている（二七五ページ）。

「一方、私は（筆者注——原子爆弾の）目標地としてとくに京都を求めた。すでに申しているとおり、原子爆弾の効果について完全な知識を得るのに十分な広さがあったからである。この観点から見ると、広島はそれほど満足できなかった（On the other hand, I particularly wanted Kyoto as a target because, as I have said, it was large enough in area for us to gain complete knowledge of the effects of an atomic bomb. Hiroshima was not nearly so satisfactory in this respect）」

そして、グローヴズは同じ回顧録で京都市の人口が百万以上であることをスティムソン陸軍長官にとくに指摘したことまでも淡々と書いている。

要するに、老若男女の日本人の百万以上を一発で一瞬に殺害する実験を満喫してみることにグローヴズはもう躍起になっていたのである。グローヴズの回顧録の右記の下りは単に一発で百万超の人間を殺せるか試せなかった彼個人の悔いばかりでなく、核爆発による各種各様の病理形態を百万超の犠牲者から豊富に入手できなかった科学者集団の無念さも代弁していたと思われる。三方が山地の京都市は確かに核爆発のエネルギーをそう拡散させず、そして、その広さは百万以上の人間を抱えており、確かに実戦での核実験地として、グローヴズの視点からは最適の場所であったのだ。マンハッタン計画の現場総監督と言うべき工兵将校出身のグローヴズは、なんとか生きた人間が対象の巨大実験を実演してみたいというある種の「実験室の博士」の心理状態に陥っていたことを彼の回顧録は正直に物語っている。自分の生死が関わる第一線の将兵と違い、戦火からは遠い「実験室の博士」はいかなる大量虐殺にも完全に無感覚になり得るのであろうか。

スティムソン陸軍長官がそれだけは、と拒否して通さなかったら、あるいは別の人間が陸軍長官だったら、日本の原爆死はどれほどの数になっていただろうか。古代・中世からの文化遺産も消えていただろう。この話は、京都市でなくそこよりは別の都市でまだよかったとか、さらには原爆でなく通常の爆撃でどこどこはまだ幸いだったといった悲惨の比較に堕する誤りを犯す心配があるが、恐ろしさの極大化を食い止めたいという本能も人間には備わっていないか。僅かではあるがなお存在している古代・中世からの文化遺産を守り抜きたいという気持も大切にしなければならないのではないか。

日本人を対象にしたウラン型とプルトニウム型の二種類のこの原爆人体実験との関連で見過ごせないのは、アウシュヴィッツなどの強制収容所でユダヤ人などに対して人体実験をしたとの理由で、米側は第二次大戦後にナチス・ドイツの関係医師・医学者などに対して軍事裁判を行い、被告によっては絞首刑にまでしている。その詳細はクリスチャン・ベルナダクの『呪われた医師たち──ナチ強制収容所における生態実験』(早川書房)などに詳しい。医学の進歩のために動物より人間を実験動物として扱うことの利点に誘惑された危険な医師、医学者集団がいたのだ。が、人体実験の規模と残虐さにおいて言語を絶するアメリカの原爆投下、それも広島市へは人々を地上に露出させての「反転」投下までしたその行為は、いかなる刑に値《あたい》するのであろうか。米トルーマン政権のやったことはナチスのそれどころの話ではまったくないのである。対ソ威嚇という日米の一部から言われる政治目的説の煙幕で広島、長崎市を対象にしたあの大人体実験犯罪の非道が見えにくくなっていることを憂える。

本題とは離れていくので字数を費やすことはしないが、終戦後の一九四七年に広島市に、四八年に長崎市にアメリカは米科学アカデミーなど管轄の「原子爆弾傷害調査委員会（ABCC)」の施設を設け、①放射線への暴露が長期にわたって人間にどう影響するか②放射線被爆者の子孫がどう遺伝的影響を受けるかについて組織的な調査研究を始めた。このABCCは、戦後三十年を経て日本の法律に基づく日米共同運営の財団法人「放射線影響研究所」(RERF）に改組されたが、ABCCの発足からの活動は、当然かのように存命の被爆者を、治療ではなく、単に裸体にするなどして観察、検査する文字どおりの実験動物として扱っていたことから被爆者を中心に怒りが巻き起こったが、敗戦の日本は手の施しようもなかった。そもそも日本側は被爆の当初から、とりわけ当時の東京帝国大学医学部の都築正男《つづきまさお》教授などが先頭に立って、苦しむ患者の医療、原爆症の解明に努めようとした。が、そのころ連合国軍総司令部（GHQ）が占領政策の一つとして実施した、公職からの特定人物の追放が、海軍軍医中将の身分でもあったこの元軍医都築氏にも適用される。日本側の奔走もあってこの追放はやがて取り消されたが、原爆症の解明、医療への都築氏の取り組みはアメリカの原爆政策の枠内へと制約されていく。被爆女性も健康な子供を出産している式の発言が目立ち出す。

信憑性の高い記録文書から推定できること

広島市への米国の原子爆弾投下のやり方との関連で、ここでやはり見落とせないのは、一九四五年七月十六日に米ニューメキシコ州の荒涼地で行われた、この場合はプルトニウム型だが、原爆として初めての爆発実験で動物実験は行われたか否か、行われたとしたら結果はどうだったのか、そこの所が当時も以後も未開示なのである。

例えば地上、地下でどうだったのか、爆心からの距離は、などである。しかし、ニューメキシコ州でどうであったにしても、人間への核爆発の影響を調べる最も確かな動物実験は人体実験以外にない。そのためには出来るだけ多くの人間をもろに爆風、熱線、放射線に晒《さら》さなければならない。それは戦争中でなければ不可能な実験だ。ここでまた、本書の主題である、米原爆機「反転」飛行の若木説に戻り、若木氏の主張を手短に繰り返す。そして、本書の主題へとさらに鍬を入れていく。本人の単行本などから若木氏の見方をごく手短かにまとめるとこうなる。

〈西から東へと米原爆機はいったん広島市を通り過ぎ、それによって警戒警報が解除されるや今度は東から西へと急遽「反転」し、無警報状態の広島市に原子爆弾を投下し、防空壕などへの待避もなく地上に露出したままの大人口を丸ごと被爆させようとした作戦であった〉

米原爆機のこの「反転」飛行説を提起した若木氏は、アメリカの対日原爆投下に関する一次資料を少なからず集めていた。この「反転」問題に限って見れば、なかでもとりわけ氏が重視した一つが左記の日本の公文書である。それは日にちまでは記されていないが、終戦の一九四五年八月十五日の翌月の「九月」付で、海軍技術大尉の若木氏もあの一時《いっとき》そこの検討会の場にもいた海軍呉鎮守府がまとめた、「広島市ニ於ケル原子爆弾ニ関スル調査（一般的調査）〔附録、被害地写真帖〕」と題する報告書である。この文書の「第二　詳論」の「一、敵機ト当日ノ事情」という項目の中に次の部分がある（漢字は新字体にし、振り仮名を付け、通常の時刻表記を括弧内に入れた）。

「八月六日　〇七〇九（午前七時九分）広島県警戒警報発令　豊後水道《ぶんごすいどう》及《および》国東《くにさき》半島ヲ北上セル敵

大型三機ハ広島湾西部ヲ経テ広島県中部ヲ旋回
○七二五（午前七時二十五分）　播磨灘《はりまなだ》ニ脱去ス
○七三一（午前七時三十一分）　広島県警戒警報解除
○八〇六（午前八時六分）　松永《まつなが》監視哨ハ敵大型二機西北進中ヲ発見
○八〇九（午前八時九分）　同哨ヨリ三機ト訂正
○八一四（午前八時十四分）　中野《なかの》探照灯台西条《さいじょう》方向ニ大型機爆音ヲ聴取ス
○八一五（午前八時十五分）　西条上空B29進行方向西」

この報告書は、調査者として海軍呉工廠の火工部と砲熕実験部が、報告書作成者として海軍の佐官級二人、技術尉官一人の実名が挙げられており、報告書の責任の所在を明確にしている。従って事実関係の信頼性は高い、と考える。

このほか、次の原子爆弾が長崎市に落とされる前日の八月八日付で広島市宇品地区の陸軍船舶司令部麾下の陸軍船舶練習部も「極秘　八月六日早朝ニ於ケル広島爆撃ニ関スル資料」を、さらに被爆で壊滅した陸軍の中国軍管区司令部も終戦直前の八月十三日付で「軍事極秘　八・六広島市被害状況」をそれぞれ作成し、いずれも原子爆弾投下までの米原爆機の動きについては、「九月」の日付の先の海軍呉鎮守府の報告書と、言葉遣いも含めて内容がほぼ同じである。

このうち作成の日付が一番遅い海軍呉鎮守府報告書の内容だけをここで紹介したのは、記述が比較的詳しいからだが、三つの報告書とも内容が似通っている。それは、この方面の陸海軍の間でかなりの情報交換がなされ、それも原爆の投下を受けていないがゆえに、独自に多数（四百五十カ所という文献がある）の防空監視拠点からの速報を生かし得ていた様子の海軍呉鎮守府の情報が最も信頼され、陸軍側でもそれを活用したからのように思われる。とくに、被爆で全滅状態の陸軍の中国軍管区司令部の場合、どのようにして先の文書が作成できたのかがそもそも疑問だが、ともあれ原爆関係米機の動向については、もろに被爆した陸軍側は専ら海軍呉鎮守府の情報に頼る以外になかったのではないか。

それにしても終戦の際、陸海軍とも戦争関係文書がほとんど廃棄され、日本の第二次大戦史の研究が大打撃を受けた中で、八月六日朝の広島地区の「敵大型三機」の飛行に関してこの海軍呉鎮守府報告書が残されたことは幸いだった。

無論、海軍呉鎮のその公文書にしても、「敵大型三機」の飛行経路の追跡としては余りに簡単との誹《そし》りもなくはないだろうが、それでも海軍呉鎮が残したこの記録は米原爆機の行動、狙いを捕える上で貴重な手掛りを与えてくれている。

太平洋から瀬戸内海へと通ずる四国と九州の間の豊後水道を八月六日朝に北上して広島市の辺りを旋回して瀬戸内海東部の播磨灘の方へ去った米大型三機と、その後に間もなく東から広島市の方向へ西進して原爆を落した米大型三機が同一の三機であれば、まさにそれで米原爆投下機「エノラ・ゲイ」と随伴二機の編隊の日本上空での「反転」飛行が成立する。であるがゆえに若木氏も、一九四五年（昭和二十年）の「九月」付の海軍呉鎮の記録の存在に意を強くし、私も白紙の立場からこの報告書を目を皿のようにして見詰めてきた。

　その一方、原子爆弾投下の四日前の八月二日付で作成され、戦後に開示された、広島市への原爆投下に関する米陸軍第二〇空軍の「戦闘命令（FIELD ORDER）」を見てみよう。

　それによると、米原爆投下機「エノラ・ゲイ」は爆発観測機、写真撮影機の二機を随伴して日本領空へ四国の徳島県牟岐《むぎ》町沖の大島《おおしま》に当たる北緯三三度三七分・東経一三四度三〇分から侵入し、そのまま四国を横断して瀬戸内海に突き出している香川県三豊《みとよ》市の荘内《しょうない》半島の先端に当たる北緯三四度一五分三〇秒・東経一三三度三三分三〇秒を経て瀬戸内海を横切り、広島県の三原《みはら》市内に当たる北緯三四度二四分・東経一三三度〇五分三〇秒（米側の八月二日付の「戦闘命令」に記入された投下への発進起点＝INITIAL POINT）に至り、そこから真っ直ぐに広島市内の投下点へと向うことになっている。南方のテニアン島基地から広島市内までおおむね直線の、ただそれだけの単純な経路を進む作戦である。

　ところが、海軍呉鎮守府報告書に基づく米三機の進路は、それが「エノラ・ゲイ」など三機のそれであるとすると、八月二日付の米側のこの「戦闘命令（FIELD ODER）」で指示された進路とは、少なくとも日本上空の部分では全く異なり、似ても似つかない。

米側の「戦闘命令」はあくまで八月二日時点の作戦予定であるとしても、史上初の原子爆弾投下の飛行経路が、それも肝心な日本上空の所を僅か数日のうちに根本から変えてしまえるのか。そうではなく史上初の原爆投下であればこそ、検討に検討を重ねて直前まで作戦は、つまり飛行経路は変え続けられるものなのか。豊後水道を北上して広島市を通り過ぎて東へ去った米大型三機と、今度はそう経たない時間のうちに東から広島市へと西進して来た米大型三機が同一の群か異なる二群か、ここが解決されれば、米原爆関係機の「エノラ・ゲイ」など三機は広島市にテニアン島基地から直行して来たのか、日本上空で策謀の「反転」をしたのか、そのいずれが正しいのかがはっきりする。

結論を先に示せば、豊後水道を北上して広島市を通り過ぎて東へ去った米大型三機と今度は東から広島市へと西進して来た米大型三機は同一機、つまり「エノラ・ゲイ」と随伴の二機であり、従って日本上空でこれらは「反転」の飛行をしていたのである。その根拠は後で示す。

以下は推定であるが、およそ作戦計画のごときものは臨機応変であるべきはずのものであろうが、広島市への原爆投下の飛行経路は、つまり「反転」しての投下はかなり早くにその概要はほぼ案出されていたのであろう。世界初の原爆投下作戦である。そのやり方を少なくとも投下機のティベッツ機長は十分に呑み込んでおく必要がある。しかし、原爆投下に関する米側の八月二日付「戦闘命令」に示されている原爆関係機のテニアン島基地からの直行の飛行経路は、万が一にも何かの筋を通して日本側に原爆機の経路が漏洩しないとは限らず、その場合に備えて、もともと単なるダミー（替え玉）として記述されていたのではないか、という疑いを私は抱いている。

米側の通常の対日戦略爆撃の「戦闘命令」も、他の作戦との調整もあって、同じマリアナ諸島のサイパン島、テニアン島、グアム島各基地の間で共有されていたと思われる。もしかしたらワシントンにもである。しかし、日本の大中小都市を破壊する従来の戦略爆撃であれば、それは通常の手段によるものであって、いちいち諜報警戒の必要はなかっただろうが、史上初の原子爆弾投下、それも「反転」という意表を突く作戦とあれば、情報洩れは許されない。相当の防諜措置が、当然のことながら講じられていたであろう。八月二日付の米側の「戦闘命令（FIELD ORDER）」で公示されている広島市への原爆機の飛行経路をダミーではなかったかとみるのは、これも一つの防諜措置だったかも、と考えるからである。

語るに落ちるティベッツ機長の回顧

広島市への原爆「反転」投下は、少なくとも、可能な限り多くの人間を地上に露出させて被爆させ、強烈な放射線に晒してみる科学作戦であり、これはもはや通常一般の戦争、戦闘行為の範囲を超えている。米空軍監修の『THE ARMY AIR FORCES IN WORLD WAR II（第二次世界大戦陸軍航空隊）』の第五巻（一九五三年シカゴ大学出版局刊）の七一六ページにその時のテニアン島原爆機基地の中のある密閉光景が次のように描写されている。

「八月初め一切がオフレコ（口外無用）状態で慌しかった。秘密の打ち合わせ、そして閉ざされたドアの中での会議と（the early days of August were marked by "much off-the-record scurrying about secret meetings, and conferences behind closed doors"）」

テニアン島基地から広島市へ単に三機が直行し、うち一機が原爆を落として帰ってくるというだけでは、被爆を避けるための関係機の至急の離脱策の検討という問題を抱えはするが、それへの対処は航法としては決まっているし、救難対策の詰めがあるとしても、何日にもわたって一切が密閉状態で、というのは大袈裟《おおげさ》過ぎる。

前出の海軍呉鎮守府報告書は、西の豊後水道から米大型三機が広島県に入り、東へ去ったことと、その後に大きく見れば東から西へと米大型三機が来て、つまりは広島市へ向った二つの事実を提示していて、呉鎮報告書としてはその二群を同一とも別物とも記述していない。が、二群が同一なら当然、原爆の「反転」投下が裏付けられることになる。

前出のとおり、これについて私はその二群は同一とみた。「エノラ・ゲイ」など原爆関係三機は日本上空で、それもいったん広島市を通過して播磨灘方面に離脱した先で少なくとも「エノラ・ゲイ」が機内で地上の警報解除のラジオ放送を傍受するや否や「反転」し、広島市へ向ったと考える。「エノラ・ゲイ」の乗組員はティベッツ機長を含めて十二名で、そこには日本のラジオ放送の傍受を兼ねていると思われる要員（Radio Operator）も入っている（「エノラ・ゲイ」乗組員の名簿と持ち場は、ゴードン・トーマスとマックス・モーガン－ヴィッツの共著の『ENOLA GAY-MISSION TO HIROSHIMA〈エノラ・ゲイ――広島市への任務〉』に基づく。邦訳は『エノラ・ゲイ－ドキュメント原爆投下』）。第五〇九混成部隊には何人もの放送傍受要員（Radio Operator）が配置されており、彼らは当然日本のラジオ放送の警報用語は習得していたと考える。

そして、この問題で見逃せないのは、日本への原爆投下関係部隊である第五〇九混成部隊が属する米陸軍第二〇空軍の八月二日付「戦闘命令（FIELD ORDER）」によれば、米側は、広島市への原爆投下予定時刻（午前八時十五分）の四時間前から六時間後までの十時間にわたり原爆投下関係以外のいかなる米機の飛行も広島市（おそらく投下地点）から半径五〇マイル（キロ換算で半径八十キロ余り）以内へは禁止するとの命令を出していることだ。原爆投下へのいかなる事前の妨げも防ぎ、また放射性物質による飛行機と乗組員への事後の汚染も阻《はば》みたかったのであろう。従って、海軍呉鎮守府の報告書に八月六日の午前七時ごろ西からと午前八時ごろ東からと明記されたいずれも米大型三機の出現は同一の群で、まさしく原爆投下の「エノラ・ゲイ」と爆発観測、写真撮影の随伴二機の「反転」飛行とみる以外にない。

その点で実は、「エノラ・ゲイ」のティベッツ機長自身が、語るに落ちるというかおそらく無意識に、箝口令《かんこうれい》が敷かれていたと思われる問題の「反転」飛行を事実上告白しているに等しいことを自著で書いてしまっている。口述ならば、その種の言葉を同著に残してしまった。

それはティベッツ著の『FLIGHT OF THE ENOLA GAY〈エノラ・ゲイの飛行〉』（一九八九年 Buckeye Aviation Book Company刊）に載っており、日本の上空に入って間もない時のことを「我々は四国を横切り、伊予灘《いよなだ》と呼ばれる狭い一帯に向った。その向うがぴたり目的地であった（We flew across Shikoku toward a narrow body called the Iyo Sea. Our destination lay just beyond）」と記している。これに従えば、ティベッツ機長の「エノラ・ゲイ」と随伴の二機は伊予灘を経て広島市に向っており、これは海軍呉鎮報告書の「豊後水道及国東半島ヲ北上セル敵大型三機ハ広島湾西部ヲ経テ広島県中部ヲ旋回」と重なる。四国と九州の間の豊後水道を北上すればそこは伊予灘であり、すぐ広島市へと続く。ティベッツの本は伊予灘に入る前に「四国を横切り」となっていて、そこが「豊後水道及国東半島ヲ北上セル」と記す呉鎮報告書と一致しないが、「四国を横切り」とは、伊予灘の手前にあって四国の愛媛県から九州の大分県の方角へ長く突き出している佐田岬《さだみさき》半島を横切っているとも受け取れるし、あるいは豊後水道に面している四国の沿岸部を通っていたのかもしれない。日本に近づくと「エノラ・ゲイ」など三機は高度を上げたと米側文献は記している。高空であれば、四国の沿岸部を飛んでいても下の日本の防空監視拠点からは豊後水道の上空と見えるかもしれない。いずれにしても、このティベッツ著の勘所は、伊予灘を経て広島市へという「エノラ・ゲイ」など三機の経路が記述されていることで、そこが、開示されている米側の「戦闘命令」の経路（徳島県―香川県―瀬戸内海―広島県）とは方向が全く異なり、呉鎮報告書のそれとほぼ一致するという点である。

ティベッツはなぜ「クラシキ」と書いたのか

そして、ティベッツ元機長はもう一つ、これも無自覚にであろうか、現代史家の秦郁彦氏への返書に不思議な地名を書いている。

一九八二年と八九年の二度にわたり秦氏はティベッツ元機長に、広島市への原爆投下の際の「反転」飛行の真否を問う手紙を出した。

それへの返書は「反転」そのことを否定も肯定もしてなく、また否定の場合は真の飛行経路を記入してほしいと、八九年には秦氏は白地図《はくちず》まで同封したが、戦後に開示されている「戦闘命令（FIELD ORDER）」の飛行経路も記されることなく、その白地図は無記入でそのまま送り返された。しかし、広島市に原爆を投下するまでに経由した所として、八九年の時に彼は秦氏に「自分たちはクラシキ近くの地点に向った」と返事してきた。「クラシキ」は岡山県倉敷《くらしき》市のことと考えられるが、その倉敷市は米側が原爆投下の「戦闘命令（FIELD ORDER）」で指示した原爆機の飛行経路から大きく外れている。それも広島市への方向とは無関係の方角にである。しかし、「エノラ・ゲイ」と随伴の二機が「反転」の飛行をしていれば、いったん西から広島市を通過して東へ去るその原爆機の先に位置するのが倉敷市の辺りで、その市域が広がる岡山県児島《こじま》半島は、呉鎮報告書が、豊後水道を北上して広島県内に入った米大型三機の脱去先とみなす播磨灘にも接している。

せっかく手紙を繰り返し寄越して来た日本の秦氏に、もちろん真相は告げられないまでも、多少は示唆めいた一つくらいは返してやろうとティベッツは思ったのかも、とも想像する。が、その地名が意味する重大さが、対日原爆投下から四十四年も経っていたその時のティベッツ元機長には認識できておらず、頭に残っていた日本の地名の一つをほとんど無意識に、そして手紙での、再度の質問者への言わば善意として書き記したのではないか、とも考えられる。

ここで見落とせないのは、終戦時に稀に廃棄を免がれたとみられる当時の防空監視記録の一つが岡山市立中央図書館に所蔵されていて、そこに不十分ながらも「エノラ・ゲイ」など三機の「反転」を証明する可能性を孕《はら》んだ記述が見られることだ。

その記録文書は戦中の「岡山市防空本部」と「岡山市警防課」の両名義の、しかも「極秘」印《しるし》のある手書きの『昭和二十年六月二十九日起《おこし》　防空警防詳報』で、その原本を地元の郷土史関係者が後に筆写して保存されていたもののようである。そこの八月六日の日付の所に「児島半島ヲ旋回中ノ敵機ハ進路ヲ西ニ向ケ広島県ニ侵入」という記載がある。しかし、その敵機は大型機だったのか、何機だったのか、そして児島半島を旋回中という時刻も、広島県へ西進のそれも記されていない。残念ながらおよそ使い物にならないような記録文書のように見えはする。が、「児島半島ヲ旋回中」とか「進路ヲ西ニ向ケ広島県ニ侵入」という記述はやはり見捨てられない。

前記のように、八月六日は広島市の、おそらく原爆投下地点からと思われる半径八十キロ余の円内は、原爆投下予定時刻の朝八時十五分の四時間前から六時間過ぎまでの十時間にわたり原爆関係以外の米機の飛行は米側で禁止している。広島地区方面の米機の動きに関しては、米側がこの措置を取っていることを前提にして物事を考えなければならない。

岡山市の先の『防空警防詳報』は岡山市ないし児島半島近辺のどこの単数か複数の防空監哨の観察に基づくものか不明だし、せっかくの記録なのに、その時の米機の数やその滞空の時刻など肝心要《かんじんかなめ》のことごとが確かに欠けてはいるが、しかし、広島地区からそれほど遠く離れてはいない岡山県児島半島の上空を米機が旋回していて、そのうち同機が西進し広島県に侵入という記録それ自体は何を告げているだろうか。いったん「エノラ・ゲイ」など三機は西から広島県を通って東へと去るが、この過程で警戒警報が発令され、そして解除されるや、今度は東からその三機が西へと「反転」して広島市に突入、という米側の戦術をこれまで浮上させてきたが、この『防空警防詳報』は、警報が解除されるのを米三機が岡山県児島半島辺りの上空で旋回を続けて待ち、そして解除と共に西進していたことを日本の防空監視拠点が、もちろんそれが原爆機とは知る由もなく、しかし正確に捕捉していたことを示している可能性がある。であれば、この岡山市の『防空警防詳報』は、まさに「エノラ・ゲイ」など三機の日本上空での「反転」飛行の一証人ということになる。

八月六日は、繰り返し念を押しているように午前四時十五分から午後二時十五分まで原爆関係以外の米機の飛行は、原爆投下予定地点からなのだろうが、そこから半径約八十キロの円内では一切禁止されていた。従って、旋回後に広島県へ西進ということの『防空警防詳報』の記録は、その時刻の記載はなかったにせよ、磨けば玉になったかもしれない。かなり早い時期に若木氏の追究の俎上《そじょう》にこれが載っていれば、氏の大きな助けになったのではないか。どこの防空監視哨から岡山市の防空当局にこの情報は来たのか、その発信者が存命であったら、児島半島上空で米機が旋回していたというその時刻や、それはB29だったか、何機だったか、広島県に侵入とは西進したのでそう思っただけかそれとも、と問うていけば、その時点で若木氏の挑戦は、実っていたかもしれない。

「エノラ・ゲイ」を目視した生き証人たち

ここで加えて注目したいのは、やはり八月六日朝の広島県世羅《せら》郡甲山《こうざん》町（現在は世羅郡世羅町）の当時の甲山防空監視哨の関係者の体験である。

ただ、「エノラ・ゲイ」など三機の飛行経路を追求するには、この甲山防空監視哨との関連で先に以下の事実にも触れておきたい。

広島市への原爆投下に関する米陸軍第二〇空軍の「最終報告（FINAL REPORT）」に、広島市へ至る「エノラ・ゲイ」などの日本上空での通過点として北緯三三度五七分・東経一三三度一七分と記された所が出て来る。そこはちょうど四国の愛媛県新居浜《にいはま》港付近に当たる。原爆部隊の第五〇九混成部隊が属する米陸軍第二〇空軍は八月二日に広島市攻撃の「戦闘命令（FIELD ORDER）」を発し、広島市へ至る飛行経路もそこに明示されたが、「エノラ・ゲイ」など関係三機が実際に飛んだ経路は第二〇空軍の「戦闘命令」のそれとは全く違うことをすでに明らかにしている。そうした中で第二〇空軍の「最終報告」に、広島市へ向う「エノラ・ゲイ」などの通過地点として一箇所だけ、瀬戸内海につながる四国・新居浜港付近が記録されている。そして、この場所は第二〇空軍自身の「戦闘命令」の飛行経路からも大きく外れている。広島市への原爆投下作戦の終了後に作成された「最終報告」に広島市への通過点（緯度・経度）をわざわざ具体的に偽証して記述する理由は乏しく、従って八月六日朝、「エノラ・ゲイ」など三機は広島市内までの飛行の途中で愛媛県新居浜港付近を通ったことはまず確かとみる。そうとすると、これは、広島市内に原爆を投下するまでに「エノラ・ゲイ」などが日本上空で「反転」飛行をした一つの有力な裏付けとなるのである。

なぜか。

ここで話は、先ほどの広島県世羅郡の旧甲山町の甲山防空監視哨のことに移る。

いまは西隣の世羅町、さらにその西の世羅西町と合併して世羅町となっている当時の甲山町は瀬戸内海に臨む広島県三原市中心部から北へ二十数キロの山間地で、そこの標高五〇九メートルの古城山《こじょうやま》の山頂に戦時中の甲山防空監視哨の跡がある。そこには「尾道《おのみち》防空監視隊第十三番甲山防空監視哨」の碑ができていて、戦中のこの甲山防空監視哨の活動が記されている。

この山頂には二度、険しく狭い山道を登った。そう高くはないのだが、曲折もあってそこの山道はけっこう長く、休まないと息が切れる。

地元の「甲山防空監視哨跡保存会」が一九九五年（平成七年）に発行した『蘇る爆音　甲山監視

哨の思い出の記』という冊子には、その監視哨の副哨長をした当時の甲山町の寺地文人《てらちふみと》氏（一九一一年生れ）の寄稿文「爆音今も消えず」が載っている。その一部分を原文のまま ここに記す（振り仮名をふり、括弧内を入れ、活字が薄くなって読解し難い一部の文章を直したり、注を付けた）。

「（八月六日の午前）八時を過ぎて五分近くなった頃《ころ》、南方の三原方面より爆音が耳に入り、間もなく大型の敵機らしい二機を双眼鏡で発見したのです。早速尾道の本部（尾道防空監視隊）へその由《よし》を電話し、進行方向に注意していると、南から頭上近くまで来て急遽機首を東神崎《ひがしかんざき》（広島県世羅郡世羅町内の地区名で当時の甲山防空監視哨から西に当たる）方面に急旋回（注＝以下十文字ほど解読不能）西進するので、又《また》本部へ電話を入れ、引き続き（注＝数文字解読不能）注意すると、西方の山の稜線《りょうせん》に機影が消えると同時刻頃二条の強い光線が青白く、丁度《ちょうど》広島上空あたりかと想像されましたので、三原《ママ》本部へ打電し、本部よりの電話を待ったのですが、広島よりの回答はなかったようです」

世羅郡世羅町の自宅で寺地文人さんに会ったり、長時間の電話を同氏としたりしていた二〇〇九年前後、寺地氏はすでに百歳近い年齢だったが、そのいずれの時も話ははっきりしていた。その甲山防空監視哨から南の三原市方面を見てほんの僅かに左寄り、つまり東寄りの南から、見上げるような頭上の辺りまで来て今度は右へ、つまり西へと急角度で転じて山の彼方に消え、と私に向って手を使い、あの時を思い出すままに話してくれた。防空監視哨には地元の複数人が常に交代で詰めていたから、寺地副哨長の記憶は複数人の共通体験でもあった。繰り返し同様のことを寺地氏はそのつど語ってくれた。

当時の甲山防空監視哨の寺地副哨長のこの話はある真相を伝えてくれている。

現在の山陽新幹線の三原駅から北に二十数キロの当時の甲山防空監視哨から見てやや東寄りの南からほとんど真上まで来て方向を西へと直角に変えたという米原爆機の飛行状況は、繰り返し引用している海軍呉鎮守府報告書の「〇八〇六　松永監視哨ハ敵大型二機西北進中ヲ発見〇八〇九　同哨ヨリ三機ト訂正」と一致している。時刻もそうだが、在来の山陽本線の福山駅と尾道駅の中間より幾分尾道駅寄りの辺りに松永防空監視哨はあって、そこから見て北西進は甲山防空監視哨からは「やや東寄りの南から」と観察される。「エノラ・ゲイ」などの飛行経路が八月二日付の米側の「戦闘命令」のとおりならば、つまりマリアナ諸島テニアン島基地から来て、四国の徳島県牟岐《むぎ》町の沖より香川県荘内半島の突端を経て広島県三原市内の原爆投下発進点（INITIAL POINT）へと単純に直線的に至るのであれば、「エノラ・ゲイ」など三機は甲山防空監視哨から見て、仮に見えたとしても、はるかに遠くをごく小さな機影が僅かに南寄りの東から飛来して今度は南の三原市内の辺りでほんの少し向きを変えて西へと消えたはずだが、現実にはやや東寄りの南からほぼ真上まで、と前出の米側の「戦闘命令」とは全く違う飛行であった。見たままを甲山の寺地副哨長は正確に観察し通報している。それは、三機だったこの「エノラ・ゲイ」などの飛行を二機と報告していることを見ても分かる。これも一方で松永防空監視哨が「エノラ・ゲイ」などを初め二機と伝え、間もなく三機と訂正して来たことが海軍呉鎮守府報告書に出ているのと同じ例で、いずれも使用している双眼鏡の視野に入った機数をそのとおり電話しているからだ。このことは、むしろ確認し得たままを寺地さんも正しく連絡している裏付けともなる。

広島市へ原爆を投下した「エノラ・ゲイ」と随伴二機の三機が日本上空でどういう飛行をしたかを突き詰める上でこの甲山防空監視哨の寺地文人副哨長が地元の前出の冊子に遺した寄稿文は掛け替えのない重大記録である。寺地副哨長による「エノラ・ゲイ」などの捕捉のほか、海軍呉鎮守府報告書、「エノラ・ゲイ」のティベッツ元機長の回顧録、現代史家秦郁彦氏へのティベッツ元機長の返書、岡山市立図書館所蔵の防空警防詳報、米陸軍第二〇空軍の「エノラ・ゲイ」など三機の飛行に関する「最終報告（FINAL REPORT）」を繋ぐと日本上空での米陸軍第二〇空軍の「エノラ・ゲイ」などの飛行経路が自ずと浮き彫りになる。それを辿ってみよう。

1945年８月６日
広島市への原爆機「エノラ・ゲイ」の飛行経路

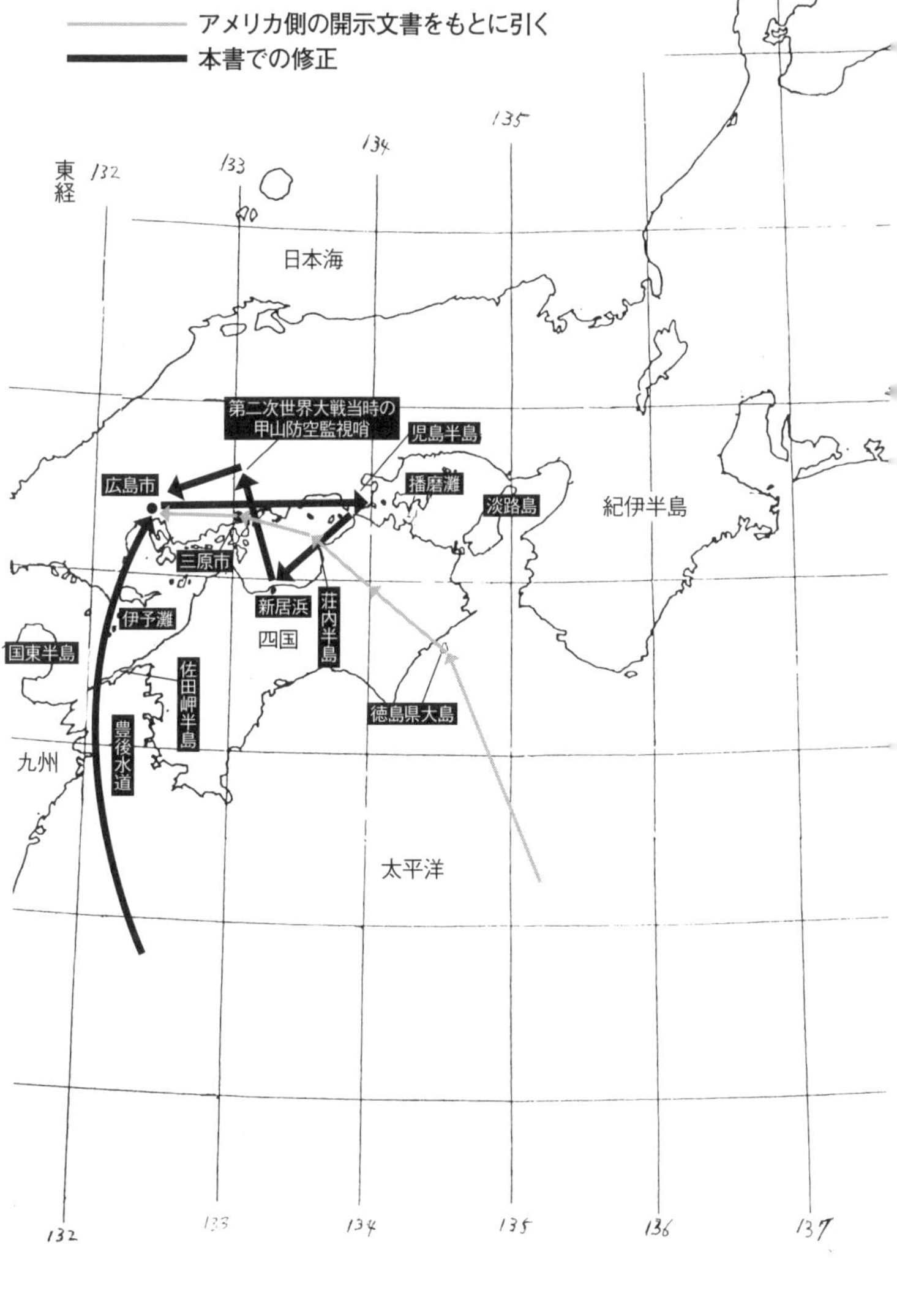

四国と九州の間の豊後水道を北上し――伊予灘を経ていったん広島地区へ入り――そこで旋回を行い、警戒警報が発令された中で瀬戸内海東部へ去り――岡山県の児島半島の辺りでまた旋回を続け――警報解除と共にすぐ西進を始め――愛媛県新居浜港付近に至り――そこから今度は、広島市内へ発進する予定点の広島県三原市内を越えて広島県世羅郡甲山町内まで飛び――そして広島市内に直進した――。

最初の広島地区での旋回の目的ははっきりしないが、警戒警報が出た中で瀬戸内海の東部へと退去し、その先の岡山県児島半島方面でも旋回をするが、これは広島市内へと「反転」すべく警戒警報の解除を待っているためで、実際に解除された時間帯に広島市内への三機の西進が行われたとみる。そして見落とせないのは、児島半島の辺りから西へと「反転」した三機は、時間調整と日本側の警報再発令を阻む目的を兼ねてであろうか、進行方向をはっきりさせないジグザグの飛行をしている、と見受けられることだ。瀬戸内海東部からとりあえず愛媛県新居浜港付近へと南西に振れ、そこから今度は米側の原爆投下発進予定点のはずの三原市内も越えて甲山町内へとやや西寄りの北へと飛び、最後に急角度で西へと転じ、途中で南西へと寄りつつそのまま広島市内へと直進したことが分かる。寺地副哨長は、日本上空で「反転」する「エノラ・ゲイ」など三機の周回飛行の言わば連鎖《れんさ》の最後の一環を証明してくれたのである。実に貴重な証言であった。

あの海軍呉鎮守府報告書には、甲山防空監視哨が「尾道の本部」（尾道防空監視隊）に電話で急報した注目すべきその情報はそれとしては明記されていないが、おそらくそれも吸収されつつ、「松永監視哨」や「中野探照燈台」という広島市内への最後の直行線上からの情報のみが選択的に取り上げられたのであろう。文献によっては、甲山防空監視哨からの情報も海軍呉鎮守府作戦室に入っていたことを示す記述もある。当時の広島県世羅郡甲山町での寺地文人氏の体験は、「エノラ・ゲイ」など三機の日本上空での動きの解明に欠かせなかった。が、これまで「エノラ・ゲイ」関連の研究の対象にされてこなかったことは残念でならない。

ヴァン・カーク元航法士は「反転」を告白した？

以上のように、原爆投下の「エノラ・ゲイ」など三機編隊は瀬戸内海方面の日本上空を「反転」したりジグザグ飛行をしたりと長い距離を費やしているが、マンハッタン計画指揮官のレズリー・グローヴズが回顧録（『NOW IT CAN BE TOLD〈今は語れる〉』）で書き、他の関係文献でも言及されている機体重量軽減の努力はこの飛行長距離化の対策ともぴたり符合する。当時として可能な日本側のいかなる迎撃も避けるには高度を上げるしかないが、それに加えて飛行距離も「反転」で長くなれば、どうしてもできるだけ機体を軽くして燃料の消費を押さえなければならない。そのため「エノラ・ゲイ」など関係機は後尾を除いて一切の銃砲類を撤去した。相当の覚悟だが、高々度なら大丈夫とよほどの自信が米側にはあったのであろう。そして、それは正しかった。米側の記録によれば、日本上空を飛行中に、いずれかの所で高射砲を撃たれているが、はるかに届かなかったようだ。

「エノラ・ゲイ」の乗組員は、原爆部隊の第五〇九混成部隊の隊長兼この原爆投下機の機長・主操縦士のポール・ティベッツを含めて十二人だったが、問題の「反転」飛行それ自体について、答えるかどうかは別として尋ね得るとしたら、その相手はティベッツのほかは、せいぜい予定の経路どおりに飛行させる航法士のシオドア・ヴァン・カークか副操縦士のロバート・ルイス、もしかしたら爆撃手のトーマス・フィアビー、ラジオ放送傍受者のリチャード・ネルソン、そして原爆技術者で海軍将校のウィリアム・パーソンズのせいぜい数人ではなかったか。しかし、その中でも「反転」の目的までも分かっていたのは、その任務からティベッツ機長一人か、あるいはヴァン・カーク航法士を含めた二人くらいではなかったのか。日本への原子爆弾投下に関する取材で私が最初に渡米した一九九五年の時は、ティベッツ元機長への取材はかなわず、ヴァン・カークは航法士という任務についての私の理解が不十分で取材の申し入れをしなかった。

しかし、この原爆機「反転」の問題で前述のように二〇〇九年にテレビ朝日の「報道ステーション」チームと渡米した際には、チームの努力で「エノラ・ゲイ」のヴァン・カーク元航法士にもジョージア州アトランタ市郊外の自宅で会う機会を得られた。長時間の問答の中で奇妙だったことの一つは、そのことをまだ尋ねても口に出してもいないのに、なぜか日本の上空でUターンとか「反転」の飛行はしていないと彼はわざわざ否定したことだ。どの地点から日本上空に入り、どういう経路で広島市内に飛んだか、その時の飛行経路を線で示して欲しいと氏の眼前にチームが白地図を広げて見せて記入を求めたが、それをしようとしたかに見えつつ、緯度・経度がその白地図に入っていないことを理由に飛行経路を引くことは不可能と断わった。

しかし、そもそもその取材の時（二〇〇九年）から六十四年も前の飛行の緯度・経度がこの元航法士にはっきり記憶されていたのであろうか。また、米側の「戦闘命令（FIELD ORDER）」とは異なる経路を飛んだのか、との問いにも、「何のこと（I have no idea）」と答えをはぐらかした。そのうちヴァン・カーク元航法士はこういうことを口にした。

「あなた方は正確に何が起こったかその詳細を探求しているが、その詳細は見つかりはしない（You are looking for minute detail of what exactly happened and everything of that type. You are not going to find it.）」

ヴァン・カーク元航法士との一連の問答のうち核心の所と思われる以上の部分などを、アメリカの大学院を出て英語の世界で長いこと活動し日本語と英語が同様に使えるバイリンガルの知人原田晋《すすむ》氏は右記のように和訳した。あなた方に真実は教えないという語感もこの発言にはあるという。ヴァン・カークとの問答の録音を聞いた原田氏はヴァン・カークを「言うに言われない心境の人」とも評した。アメリカでの取材から暫くしてヴァン・カーク元航法士は他界した。万が一にも日本上空で不測の事態が生じた時に備えて米側は瀬戸内海にも潜水艦を入れていたことなどを明かしてくれていたが、史上初の原子爆弾投下飛行の航法士として自分を起用した母国に背くような答はなかった。が、右記の発言でヴァン・カーク元航法士は、その言葉は口にせずに、わざわざ被爆国から米ジョージア州アトランタ市の自宅まで訪ねて来た人たちに「反転」を告白した、と私は考えている。

マリアナ諸島テニアン島の基地から広島市内に本当にほぼ真っ直ぐに飛んで来て原爆を投下したのなら、飛行経路の「その詳細は見つかりはしない」と、わざわざ言う必要はないのである。

第二章

日本への原爆投下については米側にも葛藤があった

ドイツ敗北で日本に落とす理由はなくなっていたが

本書の冒頭でも垣間見たように、原子爆弾の製造、日本への使用を巡ってはアメリカの政権中枢に、断乎使用すべき、いや使用すべきではないといった二つの流れがあり、分裂が激しく生じていた。そんな中で、そのうちの新国務長官ジェームズ・バーンズ、そしてこの人物と組むほんの僅かな一派が、日本に対し、無警告で、しかも戦争の継続を日本に事実上強いる策謀をしてまで二種類の原爆を相次いで炸裂させた。この第二章で、そこへ至る米側内部の暗闘を再現してみる。あの日米終戦史とは敗北状態の日本への原爆投下をそれでも米側が可能にしていくその策謀の過程そのものであった。そして同時に、この日米終戦史とは、近現代史においてしばしば日本が陥った「井の中の蛙《かわず》大海を知らず」という状態を、惨めにも、しかし典型的に見せつけてもいる。

もう一般的にもよく知られていることではあるが、アメリカでの原爆開発のそもそもの発端からおさらいしておかなければならない。もともとそれは事の出だしから決して米軍部ではなく、米科学者の欲求、関心事であったことを、改めて確認しておく必要があるからである。秘密の原爆開発のことを漏れ聞いていた軍関係の高官は文民系も職業軍人も総じてそれを甚だ胡散臭《うさんくさ》く、あるいは無用と感じていた。第一章の冒頭に述べたように軍職最高位の大統領付き幕僚長のウィリアム・リーヒーがその象徴例であろう。

原爆と軍人の相性は本来よくないはずである。勇士の知力を原爆は不要にしてしまうからだ。都市そのものをただ一発で瞬時に消してしまうような代物はむしろ軍人の敵なのではなかったか。

ある条件が生ずれば、ウランという物質は原子核分裂という現象を起こし、その際に膨大なエネルギーを放出する。この原理はドイツのオットー・ハーンが一九三八年（昭和十三年）に同僚のフリッツ・シュトラスマンやオーストリア出身のリーゼ・マイトナー、彼女の甥のオットー・ロベルト・フリッシュの助けを借りて発見した。

この原理を応用して、後に原子爆弾と呼ばれることになる物をナチス・ドイツが先に製造することを恐れた欧州からのユダヤ系亡命科学者などがナチス・ドイツからのやはりユダヤ系亡命者で相対性原理という宇宙理論で世界的に有名だったアルベルト・アインシュタインから、ナチス・ドイツより早く原子爆弾を製造することを暗に訴える書簡への署名をもらい、時の米大統領フランクリン・ルーズベルトに人を通して渡すことに成功した。一九三九年（昭和十四年）十月十一日のことである。

ルーズベルト米大統領にまでアインシュタイン署名の警告書簡を渡し得たこれら科学者らの活動はヒトラー支配下のナチス・ドイツに先を越されたら亡命先のアメリカ合衆国すら危ういのではないか、という不安、恐怖から発した必死の自衛策ではあったのだろう。かつてドイツは近代自然科学の最先端を歩んでいた。当時、アメリカの原爆開発に関わった有力科学者には、ドイツの大学で学んだ人たちが目立った。ナチス・ドイツに先を越されているのではないか、という欧州系亡命科学者らの焦慮は杞憂ではなかった。が、核分裂爆弾の関係は話が迂遠《うえん》すぎたか経済力が及ばなかったか、そのナチス政権は、核関係を重視しつつもロケットに関心を集中させてしまっていた。

しかし、何はともあれ、一九四五年（昭和二十年）五月初旬に大敵のナチス・ドイツは米英、ソ連にそれぞれ無条件降伏した。いやナチス・ドイツの敗北はもう一九四四年には時間の問題になっていて、ナチス・ドイツに対抗するためアメリカが約二十三億ドル、現在の日本円に換算すると二、三十兆円もの巨費を投じて原爆の開発を進めたそもそもの目的はその途中で完全に消滅してしまっていた（二十三億ドルというアメリカの原子爆弾開発費はマンハッタン計画指揮官グローヴズの回顧録『NOW IT CAN BE TOLD〈今は語れる〉』による）。

では、なにゆえに今さら日本にわざわざ原子爆弾を使わなければならないのか、その当然と言えば当然の疑問、異議が直接、間接に原爆開発に協力した米科学者らの間から沸き出さないはずはなかった。たとえそこが米英に先制攻撃を仕掛けた国ではあっても、そしてナチス・ドイツの同盟国ではあったとしても、科学的、経済的になお原爆を比較的短期に製造したり、もとより単独で第二次大戦に勝利する可能性もないであろうその日本になぜ——こうしてアメリカの関係科学者は二派に大きく分裂した。

そうした渦中の、そして日本への原爆投下が実際に二カ月弱後に行なわれる一九四五年六月十一日に遂に「フランク・レポート」というものがまとめられた。

このレポートの正式名称は「Report of the Committee on Political and Social Problems（政治、社会問題に関する委員会の報告）」で、マンハッタン計画の原子爆弾開発に何らかの関わりがあった中のドイツ出身の亡命物理学者ジェームス・フランク、同じくハンガリー出身のレオ・シラードなどの有力科学者七人が作成した。それは原子爆弾開発そのものの国際管理を求め、日本への原爆無警告投下に反対する内容で、この報告は取りまとめられたその翌日に早速、原爆開発担当閣僚の陸軍長官ヘンリー・スティムソンの執務室に届けられた。

一方、前年の四四年十二月二十日付で前駐日大使で国務省極東局長の、米政権内の知日派筆頭と目されるジョゼフ・グルーが、この人事の真相は不明なのだが、国務長官エドワード・ステティニアスの要請で国務次官に就く。そして国際連合創設の作業でステティニアスが創設会議の開かれる米サンフランシスコに長期出張し、この問題に没頭せざるをえなくなったり、またその後にこのステティニアスが新大統領トルーマンに辞表を出して受け入れられたため、国務次官のグルーが国務長官ステティニアスの留守中や辞任後を預かる国務長官代理を、七月三日にジェームズ・バーンズが新しく国務長官に就くまで務めることになった。すかさず知日派グルーは国務長官代理という重い立場を逃がさず、早急の対日和平をトルーマン大統領自身に促す活動を、内々にではあるが始めた。グルーも立場上、原爆製造のことを知り得てもいたのだ。

他方、海軍長官ジェームズ・フォレスタル、海軍次官ラルフ・バード、陸軍次官補ジョン・マクロイ、さらには一九三二年の大統領選挙で民主党のフランクリン・ルーズベルトに敗れた共和党の元大統領ハーバート・フーバーらも同じく、もはやほとんど崩壊状態の日本への原爆投下には強い疑問を呈していた。民主党の故ルーズベルト大統領を引き継ぐ同党のトルーマン大統領の体制下でも共和党系の要人は、職務上、あるいは立場上知り得ていた対日原爆投下には相当に批判的だったのである。

米要人の中でもとりわけ国務長官代理のグルーは直《じか》に新大統領のトルーマンに繰り返し、日本との早期終戦のためには今や従来からの単なる無条件降伏の要求ではなく天皇制度の存続は認める内容の降伏勧告を発すべしと、大統領への覚書まで書いて訴え続ける。対米最後通告の渡し遅れという在米日本大使館の一大不祥事によって一九四一年十二月八日（日本時間）の対米開戦の発端が「騙し討ち」と受け取られ、そして新聞、ラジオなどの反日煽動もあってアメリカ一般の対日憎悪はなお激しく燃え盛っていた。が、そういう米国内の状況にもかかわらず、原爆の対日投下を事実上不可能にする、その完成前の対日終戦を、天皇制度の存続を保証して実現することを米政権内でグルーは強く目指した。

それでも日本に投下する理由とは

日本憎しのメディアや一般世論とは違い、大戦末期の米政府中枢にはグルーに限らず対日原爆使用の批判派は少なからず存在し、とりわけ米軍部の要人はほとんどが対日戦の勝利に原爆は不要とみていたのだが、トルーマン大統領は日本への原爆投下を強行する。

そうした方向への応援団であるかのように五月二日に、これからの原爆政策を大統領に進言する陸軍長官直轄の「暫定委員会（Interim Committee）」という八人から成る新機関が設置され、原爆開発担当閣僚のヘンリー・スティムソン陸軍長官が委員長に、さらに国務長官になる前のまだ私人のジェームズ・バーンズが「大統領個人代表（Personal Representative of the

President)」という不可解な資格で委員の一人を占める。そして、この暫定委に付設された、マンハッタン計画の主導的科学者ロバート・オッペンハイマーら四有力科学者から成る「科学専門委員会」と、この専門委の見解に基づいて暫定委のいずれもが六月後半に、六月十一日の「フランク・レポート」(79ページ参照)を否定する立場を明らかにした。科学専門委の四科学者は、いずれもマンハッタン計画推進の中心的存在であった。要するに暫定委も、そこに付設のこの科学専門委も実体は原爆開発・対日投下の翼賛機関のようなものだった。トルーマン政権内や関係科学者らの間からいかに批判が出ようと、ナチス・ドイツには間に合わなかったが、なんとか日本には落とせないかと、故ルーズベルト大統領時代に立ち上げられた原爆製造のマンハッタン計画の巨大歯車は今や全速猛回転中だったのだ。実は、アメリカの原爆開発の工程からみて、おそらく対独戦の続行中にその製造は間に合わず、従って原爆は日本に対して使うという確認が一九四四年九月十八日に米国内で行われた米英首脳の会談でできてもいたのだ(米側から後に開示されたこの米英首脳確認の原文は以下のとおり=「…when a "bomb" is finally aveilable, it might perhaps, after mature consideration, be used against the Japanese, who should be warned that this bombardment will be repeated until they surrender」)。故ルーズベルト大統領が敷いたこうした既成事実はもはや米側の原爆批判派も突破は困難になっていた。

ウラン型とプルトニウム型の原子爆弾が投下された一九四五年の真夏に日本はポツダム宣言（後出）を受諾し第二次大戦は終わるが、大戦の終局が匂い始めたその年の前半、アメリカの原爆科学者たちも何とかある結果を見たかったのである。原子爆弾を使って日本に勝った時の輝やかしい戦勝光景をではなく、これを投下された都市がいかに破壊され、人体へのどのような打撃がいかなる規模で生じるか、それをである。かかる結果を最大限に発生させ、原爆の凄さを無人の荒涼地ではなく生きた大都市ではっきりと確かめてみたかったのである。これまでに本書で示し、これからも紹介する種々の資料がその何よりの証拠である。広島市の投下地点への「反転」飛行そのことにまでマンハッタン計画の科学者たちが知恵を貸して関わったかどうかは不明だ。そこを裏付ける資料は見付けていない。だが、あの「反転」作戦は、最大限に原爆投下の効果を見たい関係科学者の欲求、「研究室の博士」の欲望の延長線上で発生したごく自然な成り行きであったのである。

マンハッタン計画の指揮官であった陸軍工兵将校出身の工兵将官レズリー・グローヴズ自身は原子科学の素人だったが、自分の任務として原爆の開発に身命を賭していたことは、第一章で一部を引用した彼の回顧録（『NOW IT CAN BE TOLD〈今は語れる〉』）を読むとよく分かる。従って、原爆一個がいかに猛威を振えるか、可能なら百万単位の人間を対象にしてでもそれを試せないか、そのための原爆投下作戦はいかに実行すべきか、その具体的検討から言わば現場総監督のこの工兵将官が外れていたとは考えにくい。「反転」という策謀そのものをグローヴズ自身が提案したかどうかは分からないが、「反転」の作戦が米側で考え出された過程では、自分が受けた仕事はそれなりに完璧を期そうとするこの工兵将校出身の、この場合は悪い意味での職人気質も大きく影響していなかったか。そのことは、先の彼の回顧録でもはっきり語られているように、はるかに上司の、そしてそれを拒絶するスティムソン陸軍長官にとことん抵抗し続けてまで当時でも百万以上の人口を数える京都市に何としても原爆を落とそうと執着し続けたそのことでもよく分かる。

原子爆弾の開発を命じたルーズベルト米大統領が急死した一九四五年四月十二日のその日のうちに、原爆の開発を閣僚として所管する陸軍長官ヘンリー・スティムソンは、副大統領から突然昇格した新大統領ハリー・トルーマンに米国で極秘裏に原子爆弾というものの開発が行われていることを簡単に告げ、そして、その十三日後の四月二十五日に、この原爆開発の現場総監督のマンハッタン計画指揮官グローヴズと共に大統領官邸のホワイトハウスに新大統領を訪ね、この巨大計画の見通しも含めて原爆開発に関する詳細な説明をした。この時のスティムソンの発言は、用意した文書に基づいてなされ、そのあらましは、日本への原爆投下の経緯について戦後三年目の一九四七年に米有力誌『Haper's《ハーパーズ・》 MAGAZINE《マガジン》』の二月号に自身が発表した、原爆投下に関する回顧記事（「THE DECISION TO USE THE ATOMIC BOMB〈原子爆弾使用の決断〉」）に紹介されている。

アメリカの原爆開発について陸軍長官スティムソンが新大統領トルーマンに厳密な進講をしたその翌々日の四月二十七日から五月にかけて、「原子爆弾投下標的選定委員会」という、マンハッタン計画指揮官グローヴズや原爆開発の中核的科学者などの委員から成る陸軍長官の諮問機関が会合を開き、十一項目にわたる「原子爆弾投下に関わる標的についての勧告書」をまとめている。原爆を投下する候補地としてこの時点ではまだ京都、広島、横浜、小倉《こくら》の四市が挙げられていて、この点は実際の投下地とは広島市を除いて違うが、この勧告書の注目点はその第一項目ではっきりと「原子爆弾による地域住民の被害を最大化するには、五百十メートルから七百三十メートルの間のとくに五百八十メートルでそれを爆発させるのが最も良い」（傍点は筆者）と明記されたことだ。広島市での炸裂高度は、戦後すぐにアメリカから日本に派遣された「戦略爆撃調査団」の報告によれば、地上五百五十メートルだったので、現実の対日投下も投下標的選定委のほぼ事前勧告どおりに行われたことが分かる（当時の日本側の調査では地上五百七十七メートル〈プラスマイナス二十メートル〉という数字も出ている）。

日本への原子爆弾投下では、いかに人々が放射線傷害を受けるか、その実証が大きな狙いの一つであったことはすでに第一章で見てきたが、地域住民の殺傷数を最大化させる原爆の炸裂高度までその投下の三カ月以上も前に関係科学者などから成る組織により勧告されていたことは、対日原爆投下の大きな狙いはそもそもから人体実験であったことがここでもはっきり証明されている。その段階の科学能力で生み出せた、その水準の原爆の一個でどれほどまでどのように人間を殺傷できるかを、戦争ならば日本の都市で実地に試してみられるし、殺傷数が多ければ、人体の病理標本も確かに一層多種多様なものが得られるであろう。戦争中でなければ絶対に不可能な、しかし原爆のさらなる高性能化には涎《よだれ》が出るような巨大規模の人体実験をなし得る対日原爆投下は、科学技術側の利害からはもはや後戻りできなくなっていた、と考えられる。この大事《おおごと》を故大統領から突然引き継いだ新大統領はもはや、猛スピードで大回転中の巨大歯車から飛び降りられなくなっていた、とでも譬《たと》えられるであろうか。

「対ソ威嚇」以前に投下する必要があった

それだけではない。

原爆政策を大統領に進言する陸軍長官直轄の前出の「暫定委員会」もがすでに六月一日に、原子爆弾は可能な限り早く日本に、軍事目標と住宅地域を合わせ狙って無警告で落とすべし、との提議をしている。地域住民を最大限に殺傷できる原爆の炸裂高度を先に投下標的選定委が、今度は原爆の標的には住宅地域も含めるべしと暫定委が相次いで勧めた。この暫定委は、日本への無警告原爆投下を不可とした有力科学者七人の先の「フランク・レポート」を、暫定委に付設の科学専門委と共に六月下旬に退けているが、それより以前に住宅地域までも原爆の対象にする提議をとうにしてさえいたのだ。日本への無警告原爆投下に反対する「フランク・レポート」が前出のように六月十一日に出されたのも、日本への無差別原爆投下に拍車を掛けるような暫定委の動きに対抗するためだった。

五月二十九日にワシントンのノースタッド米陸軍航空隊参謀長からマリアナ諸島グアム島のルメイ陸軍第二一爆撃機集団司令官に「これは実験なので必要な指揮はワシントンで取る」との通知が出されたことは第一章で明らかにしたが、先の投下標的選定委の勧告、次いで暫定委の提議、そして、その間のノースタッド通知を合わせると、対日原爆投下の基本目的はそもそもから、文字で表わすのもはばからざるをえないような、大人口を主な対象にした未曾有の大科学実験であったことが明白になってくる。前駐日大使で国務長官代理のグルーの大統領トルーマンに対する懸命の対日早期終戦の建策は、そして、ほかにも類似の提議が内々にどれほどあっても、あの時点のアメリカではもう蟷螂《とうろう》の斧《おの》（はかない抵抗）に過ぎなくなっていたのである。

そして七月三日には米統合参謀本部が京都、広島、小倉、長崎四市への通常の爆撃を禁止する命令を出す。通常の爆撃が多少とも行われていたら、そこの人々も含めて原爆の都市破壊力がそれとして十分に見分けられなくなるからである。この命令の発出で今までかなり斜に構えていた軍部も遂に日本に対する原爆投下からの退路を自ら断ったのだが、この命令で見落とせないのは、統合参謀本部という米軍部の最高中枢部までが、マンハッタン計画指揮官グローヴズが固執《こしゅう》してやまない京都を、原爆投下一カ月前の七月に入ってもやはり第一番の投下目標と位置づけたことだ。人口百万単位の都市での原爆実験、つまり百万単位の人体殺傷実験は単に一グローヴズないし関係科学者集団の偏執《へんしゅう》に留まらず、米軍部そのものの要求ともなって行っていたのである。広島、長崎市が犠牲になった被爆国側としては、最後の土壇場で辛うじてではあるが京都市の除外に成功した陸軍長官スティムソンを、だからと言ってそのことのみで評価することはできないが、ここで指摘したいのは、アメリカの関係科学者集団ばかりか遂にはこれに同調して米軍部中枢もが被爆の人口を、要するに実験対象の人口を可能な限り増やす方向へと転じたにもかかわらず、陸軍長官スティムソンは彼らの意図を潰し遂げた、という事実そのことである。

そうした中で米側は、日本軍の無条件降伏を要求する米英支（中華民国）三国のポツダム宣言が発表される前々日の七月二十四日付で、米英ソ首脳のポツダム会談に随行していたジョージ・マーシャル陸軍参謀総長に代わって在ワシントンの参謀総長代理が広島市への原爆投下命令書を米陸軍太平洋戦略空軍司令官カール・スパーツに出す。これはもちろん、独ポツダムにいる米国中枢が指示してのことではあるが、客観的証拠が残る書面での原爆投下命令をスパーツが強く要求したことへの緊急の対処であった。原爆投下について一線の米職業軍人にはなお最後まで良心の疼《うず》きがあったことを物語る。この文書での命令を受けて太平洋戦略空軍麾《き》下《か》の第二〇空軍司令部は八月二日に原爆部隊の第五〇九混成部隊に、最終的に広島市を第一、福岡県小倉市を第二、長崎市を第三の原爆投下候補とする「戦闘命令（FIELD ORDER）」を出す（書面での原爆投下命令をスパーツ米陸軍太平洋戦略空軍司令官が陸軍参謀本部側に要求した事実は、施設内の者と思われる精神・身体障害者の安楽死殺害を第二次世界大戦勃発直後にヒトラー総統から口頭で命じられた独要人が、これに対しては書面での命令を強く要請したという史実を想起させる）。

この対日原爆投下の狙いについては、ナチス・ドイツ打倒ではソ連と強く連携していたが、その親ソ連のルーズベルト大統領の死去、そして、ナチス・ドイツ敗北後のとくに東ヨーロッパの再編成を巡って利害の不一致、対立が生じていたそのソ連を米側として威嚇《い　かく》するのが目的だったとの説も日本内外で出ている。しかし、たとえ米ソ間になお緊張が生じていなくても、アメリカは日本に原爆を投下せずにはいられなかったのである。巨費を投じていったん進行し始めた原爆開発である。その巨費を償う成果の発表はアメリカにとって不可欠だったろう。成果の発表とは一般の米国民にとっては憎むべき敵日本への投下であっただろうが、これは関係科学者集団にとっては都市という実地での実験そのもので、原爆の一層の高度化のためにも必須であった。仮に対ソ威嚇の気持がトルーマン政権側に生じていたとしても、それはこの際「序《つい》でに」ということであったろうし、日本に対する原爆投下のこの国際政治性が戦後に喧伝されたことで、大人体実験であったという対日投下のその根本的性格が見えにくくなってしまっている。

また、日本本土への上陸をしないで日本を打倒するには原爆が必要だったとの説も日本内外にあるが、これも謬説《びゅうせつ》である。後述のようにすでに六月の段階で昭和天皇はもはや終戦にしたいという意思を明確に表明している。無条件降伏の方式を引っ込めて天皇制度の存続をはっきり認める終戦勧告を米側が公式に日本に伝えていれば、日本側は白旗を掲げる情勢となっていたが、せっかくの原子爆弾の切れ味を米側の開発集団はどうしても戦争を続けて試してみたかったのである。そのうちソ連が対日参戦をしてしまうかもしれないのに、その危険を冒してまでも終戦を引き延ばし、京都市が駄目でも広島市などで人体実験をどうしてもしたかったのである。

グルー案から消えた「天皇保証条項」

話を、日本への原爆投下を米側で防げなかった、その意味の敗者の一人であった、その時の米国務次官兼国務長官代理の前駐日大使ジョゼフ・グルーと、対日戦の終結策を新国務長官ジェームズ・バーンズに独走され、やはり敗者の一人に近い陸軍長官ヘンリー・スティムソンに絞る。

対日戦終結の決定的瞬間にその主舞台から追われたに等しいこの二人を通して日本への原爆投下が、反対の批判論が政権内に立ち込めるその中で有無を言わさず遮二無二実現されていったその過程を、さらに微視的にも見てみたいからである。トルーマン政権の閣僚ではおおむね新国務長官バーンズただ一人が代弁者だったのであろう対日原爆投下派の凄まじい執念が一層照らし出されてくる。

対日戦が終わり、国務省も退いて三年目の一九四七年に知日派のグルーが出した回顧録『TURBULENT ERA（荒き風波の時代）』（一四二一四ページ）によれば、米英ソ三国首脳のポツダム会談へ発《た》とうとバーンズ米国務長官が七月六日に国務省から出ようとした時、省内の廊下でだったか玄関口辺りでか、グルー次官はバーンズ長官を呼び止めて、何か「紙」を手渡した。バーンズ長官はそれを服のポケットに入れた。バーンズが車に乗ってしまっていたら万事が終わりだったのではないか。グルー次官がバーンズ長官を摑まえ得たのは、長官が部屋を出たことをその部屋付きの誰かが、グルーからの事前の要請により別室のグルーに急報でもしたのであろうか。それとも、長官の部屋を次官のグルーが訪ねたら、バーンズは直前に出てしまっていたので、グルーは省の出入口へと大急ぎで後を追ったのか。

日米開戦までの十年間も米大使として日本に駐在し、外交官職の自分の専門中の専門であった日本問題から、バーンズが七月三日付で国務長官になった途端にグルーは事実上外されていた。そもそも独ポツダムでいかなる対日宣言を出すか、長官バーンズと次官それも日本専門家のグルーは、膝を交えて詰めた協議をしていなければならない関係であった。しかもグルーは省内ナンバー2の立場でもあったのだ。しかし、無念をこらえてグルーは、人事を尽して天命を待とうとしたのではなかったか。独ポツダムに出掛けかかったバーンズにグルーが手渡した「紙」は、後にポツダム宣言と呼ばれる対日勧告のグルー案であった。その原稿はグルーが駐日大使時代の在日米大使館参事官のユージン・ドゥーマンが執筆していた。

対日問題に関してバーンズ長官から無視されたグルー次官だったのだが、グルーの前出の回顧録『TURBULENT ERA（荒き風波の時代）』にも収録されている対日宣言のドゥーマン執筆グルー案と日本に実際に発出された米英支三国のポツダム宣言は、天皇制度の関係など多少の所を除くとほぼ、項目によっては全く同じである。バーンズもグルーのあの「紙」を屑籠に放り込んではいなかった。日本に原爆を落としたくてたまらない国務長官バーンズと言えど、米国務省における日本問題の最専門家である次官グルーの対日宣言案をやはり無下にはできなかったのであろう。しかし、である。対日宣言で何より重要な天皇制度に関してはグルー案は容認、三カ国のポツダム宣言では言及がなかった。無言及というこの「空白」こそがポツダム宣言への即応を日本政府にためらわせ、広島、長崎市へのアメリカの原爆投下に直結していく。日本の政府・軍部はこの「空白」に完全に惑わされた。日米の奸智の格差は歴然であった。

ポツダム宣言の原案は幾つあったのか。ドゥーマン執筆のグルー案のみだったのか。ほかに誰々の執筆で何種類あったのか。それはトルーマン大統領やバーンズ国務長官の回顧録、あるいは目を通し得た限りの他の関係文献によっても不明だが、おそらくドゥーマン執筆のグルー案、つまり国務次官グルーが、独ポツダムに発つために国務省から出掛けようとした国務長官バーンズに手渡したあの「紙」を叩き台にして、最終のポツダム宣言を独ポツダムの現地で大統領トルーマンと国務長官バーンズの二人が密議しながら仕上げたのであろう。ポツダム宣言は十三項目から成るが、繰り返すが、うち九項目はドゥーマン執筆のグルー案とおおむね、ないし全く同じなのである。ドゥーマン執筆のグルー案と日本に発せられたポツダム宣言の全文の比較は省略するが、天皇制度を維持するかどうかに関わる第十二項についてドゥーマン執筆

のグルー案とポツダム宣言を比較してみる。まずグルー案はこうである（最初を除く括弧は筆者）

「(12) 連合国の占領軍は、これらの目的（ポツダム宣言の〈六〉から〈十一〉までに記された日本への各種の要求）が達成され、日本国民を代表する性格の、疑いなく平和的性向の責任ある政府が樹立されれば、直ちに日本より撤収されるべし。もし平和愛好の国民が、日本における攻撃的軍国主義の発展を将来とも不可能にする平和政策を継続する政府の誠実な決定を確信し得るならば、以上（〈一〉から〈十一〉まで）の記述は現皇室の下での立憲君主制を包含する（The occupying forces of the Allies shall be withdrawn from Japan as soon as these objectives have been accomplished and there has been established beyond doubt a peacefully inclined, responsible government of a character representative of the Japanese people. This may include a constitutional monarchy under the present dynasty if the peace-loving nations can be convinced of the genuine determination of such a government to follow policies of peace which will render impossible the future development of aggressive militarism in Japan)」

一方、七月二十六日に独ポツダムの現地から、中華民国国民政府の仮首都重慶《じゅうけい》よりの蔣介石《チャンチェシー》主席の要望で合衆国大統領、中華民国政府主席、「グレート・ブリテン」国総理大臣という名前の順序で発出されたポツダム宣言の第十二項は以下のとおりである（和訳は当時の外務省。新字体と振り仮名は筆者）。

「十二　前記諸目的が達成セラレ且《かつ》日本国国民ノ自由ニ表明セル意思ニ従ヒ平和的傾向ヲ有シ且《かつ》責任アル政府ガ樹立セラルルニ於テハ連合国ノ占領軍ハ直《ただち》ニ日本国ヨリ撤収セラルベシ（the occupying forces of the Allies shall be withdrawn from Japan as soon as these objectives have been accomplished and there has been established in accordance with the freely expressed will of the Japanese people a peacefully inclined and responsible government）」

グルー案の第十二項と日本に発されたポツダム宣言の同項との違いは一目瞭然、グルー案が日本の天皇制度の存続を、あくまで一定の要求が満たされるならばという前提を置いてではあるが、はっきり認めているのに対して、ポツダム宣言はグルー案のその部分をすっぽり削除していることである。

天皇制度に関していかなる言及もしていないということは、その制度の容認を当然の前提としての諸々《もろもろ》の対日要求の宣言とも解釈できるし、逆に戦争開始国家の天皇制度はもとより否定してのさらなる諸要求の宣言とみる方が自然との見方もできる。時の鈴木貫太郎内閣も外務省なども は、ポツダム宣言は終戦の諸条件を突き付けているので無条件降伏を迫っておらず、宣言にも天皇制度否認の文言は一切ないので、その存続は当然肯定しての対日宣言との見方が強かったが、この米英支三国の宣言を鈴木首相が記者団に、その場の思い付きだったのか、「黙殺」ないし同様の言葉を使って批判し、それが、当然とは思うが米側で「reject（拒否）」とか「to kill with silence（黙って殺す）」と報道されたりして、米側の原子爆弾投下にそのまま繋がってしまった。もしや日本政府から受諾の意思表示がありはしないかと、大統領トルーマン、国務長官バーンズは独ポツダムに居てもはらはらしていたのであろうが、しかし、まず予想したとおりの展開となり、これ幸いとさっそく既定の原子爆弾投下作戦を実行したまでなのであろう。

ただ、ここで見落とせないのは、時の鈴木首相の余りにもの軽率さである。日本の海外放送か何かを捉えて米側はそれが英語だったらそのままか、あるいは日本語だったらその英訳を左のようにし、後に国務省文書として開示している。それを読む限り、米側が鈴木首相の発言を原爆投下の口実に利用したことを非難しても始まらない。それは決定的瞬間に次のようにただ米国に利用されるだけの無神経極まりない内容だったのである。米当局が和文英訳をしたのなら、「黙殺」を「ignore（無視）」と解釈してくれていただけでも幸いだった（冒頭の括弧内と和訳は筆者による）。

（記者の）質問　「三国の共同宣言についての首相の見方は（what is the Premier's view regarding the Joint Proclamation by the three countries）」

（首相の）答え　「三国の共同宣言はカイロ宣言（筆者注＝一九四三年十一月二十七日、米英支首脳が日本が奪取、占領、盗取した島、地域の剝奪、などを声明したもの）の焼き直し以外の何物でもない。政府としては何らの価値も見出せない。それは無意味で完全に黙殺以外にない。今次戦争の有終の結末に堅忍不抜の覚悟あるのみである（I believe the Joint Proclamation by the three countries is nothing but a rehash of the Cairo Declaration. As for the Government, it does not find any important value in it, and there is no other recourse but to ignore it entirely and resolutely fight for the successful conclusion of this war）」

日本に戦争を続けさせなくてはならなかった

新国務長官のバーンズが次官のグルーを左遷しないまでも疎《うと》んじたのは、日本の天皇制度をどうするか、その一点での決定的対立が原因ではなかったか。

日本問題とはそもそも無関係の本人の来歴から見てもバーンズは何か主義として日本の天皇制度への嫌悪感に捕らわれていたというより、原子爆弾を日本に投下するには一も二もなく日本に戦争を続けさせなければならず、そのためには、日本軍の無条件降伏などを要求する三カ国のポツダム宣言の中に、原爆を投下する前に戦争を終わらせる可能性があるとみられる天皇制度容認の項目を、対日宣言問題を所管する本人としてはどうしてもそこに含められなかったのであろう。原子爆弾はウラン型もプルトニウム型も仕上がっていたが、米本土から前線基地のマリアナ諸島テニアン島までの海路も含めた輸送時間を見積もると、まだもう少しではあるが対日戦はやめられなかったのである。

しかし、問題は、きわめて慎重だった米軍部とは逆になぜ原爆の対日投下に新国務長官のバーンズが新大統領トルーマンを巻き込みながら二人三脚的にのめり込んで行ったのか。米英ソ三巨頭会談のために、瓦礫化を免れたドイツ古都ポツダムへ向う米側要人のうち大統領トルーマンと国務長官バーンズは、欧州まで同じ軍艦での船旅をし、しかも艦内の個室は通路を挟んで向かい合わせであったようだ。

そこでの両者の密議のごときはもちろん永久に闇の中ではあるが、トルーマンが大統領になってから、この新大統領の元で七月三日付で新国務長官に就くまでの間も、米民主党側の政界重鎮だったバーンズはトルーマンの政治顧問的な役割を内々にではあるが果していた。大統領ルーズベルトの死後間もなく陸軍長官スティムソンは前出のようにマンハッタン計画指揮官のグローヴズを伴って新大統領トルーマンに原爆開発に関する詳細な進講をしたが、その際にスティムソンは、その件はバーンズからすでに聞いているとトルーマンからまず言われている。日本への原爆投下の標的に住宅地域も含め、そこに速やかに無警告で原爆を落すべしと六月一日に大統領に進言した陸軍長官直轄の助言機関「暫定委員会」にバーンズは、妙な委員資格ながら「大統領個人代表」として参加していたことはすでに見た。新大統領トルーマンの指南役然としたバーンズと、マンハッタン計画指揮官のグローヴズや主だった関係科学者らは当然密接な接触を始めたと推察されるが、この問題でのバーンズとグローヴズ、そして関係科学者集団との密着が記録された資料類は見出せていない。そういうものとして公的に記録されてはいないと見るべきであろう。ただ、故ルーズベルト大統領時代にマンハッタン計画指揮官に任じられ、巨大な国費を費消したグローヴズが関係科学者集団の代弁もしつつ原爆の対日使用はもはや引き返せない道とバーンズに強力に進言しなかったとは考えられない。なんとしても実戦での実験をしたかったグローヴズや特定の科学者集団の勢いに戦後の対ソ関係を思案していたバーンズが意を強くし、二発の原爆の対日投下の猛推進者となったのであろうと推定する。

このバーンズとは逆に、一九四五年の春から夏にかけて国務長官代理を務めた前駐日大使で国務次官のグルーの側は、天皇制度の容認もあり得ることを明記した戦争終結への対日宣言をトルーマン政権が発し、胸をなでおろした日本政府がそれをすぐにも受けて終戦へと歩を進めてくれることを心から願っていたのであろう。

しかし、天皇制度の存続はポツダム宣言に盛り込まれず、日本政府はかかる宣言を受諾できず、待っていたと言わんばかりのアメリカ、つまりはグローヴズ＝バーンズ派によって原子爆弾を、それも二種類の各一発を相次いで落とされた。その時のグルー、そして対日宣言グルー案の執筆をしたドゥーマンはいかなる心境であったろうか。とくに日本生れで日本育ちの、もちろん日本語も達者なドゥーマンがあの八月六日、九日（いずれも日本時間）に誰に何を口にしただろうか。

駐日米大使グルーの下で在日米大使館参事官を務めたドゥーマンは、グルーが四四年十二月二十日に国務次官に就いた時、次官補の一人の特別補佐官となり、グルーを支えた。そのころの米国務省は反日・嫌日の権化《ごんげ》のような、中華民国国民政府（重慶）の蔣介石を一方的に贔屓《ひいき》し、国務長官特別顧問、国務省極東局長などを歴任のスタンレー・ホーンベックは海外に配転されてはいたものの、国務次官補のアーチボルド・マクリーシュ、同じくディーン・アチソンなど天皇制度の容認にも強く反対する反日・嫌日派の勢いがやはり強かった。ハワイ・真珠湾基地を「騙し討ち」したと、繰り返すが在米日本大使館の大失態により誤解された日本は米国にとってナチス・ドイツと同列か、あるいは人種偏見も加わってそれ以上の憎悪すべき交戦相手であったので、米側の知日派筆頭と言ってもいいグルーにとって当時の米国務省内は極めて居心地の悪い所ではあったろうが、そこは米国務省とて一官僚組織である。国務次官という当時は省内ナンバー2の立場はそれなりに強く、そのグルーの直系であれば、ドゥーマンも一国務次官補の特別補佐官としてではあるが、懸命にグルーの右腕となり得ていたのであろう。そうした中での日本への相次ぐ原爆投下である。グルーは無論、ドゥーマンの心境も如何《いか》ばかりであったろう。

対日戦を早く終わらせるために国務次官・国務長官代理のグルーは終戦へと日本を誘導する対日宣言案を自ら用意し、新大統領にそれを提示してもいた（ポツダム会談へ発つ国務長官バーンズに省の廊下か玄関でグルーから渡された「紙」はこれと同様のようだ）。しかしトルーマンは、故ルーズベルトに任命された国務長官ステティニアスの辞意を受け、自身の事実上の政治顧問だったジェームズ・バーンズを新国務長官にした。その瞬間に広島、長崎市の悲運は決まった。

余りにもお馬鹿さんだった日本政府

このバーンズという人間についてここで少し説明を加えておきたい。

日本への原爆投下に躍起となったバーンズの国務長官就任はアメリカにとっても大変に不幸な人事だったと思うが、日本にとって彼はまさしく疫病神《やくびょうがみ》のような存在だった。バーンズが国務長官でなかったら、天皇制度に関しては「白紙」のあのような挑発的なポツダム宣言は出ず、日本もそれを受諾し得て間もなく終戦となり、ソ連の対日参戦も間に合わず、現在も日本が苦しんでいる北方領土問題もなかったであろう。戦後もすでに長いのに、当時の行き掛かりからの大統領トルーマンの国務長官人事が日本をなお痛め続けている。

上院議員や最高裁判所判事、国家動員局長などを務めていたバーンズは第二次大戦最中《さなか》の一九四四年に四度目の大統領選挙に挑んだルーズベルト大統領の副大統領候補に就くと一般に思われていたようだ。が、いかなる人事配慮がルーズベルトにあったのか定かでないが、副大統領候補には一上院議員のトルーマンが引き上げられた。ルーズベルトは大統領選挙に勝ち、トルーマンは副大統領となり、ルーズベルトの急死でトルーマンは自動的に大統領となった。このため新大統領トルーマンはバーンズに大きな借りを感じたのであろうし、バーンズは本来大統領になるのは自分だったはずという思いを消せなかったであろう。そんな因縁があり、自分が大統領となるやトルーマンはすぐバーンズを側《そば》に引き寄せ、国際連合創設の仕事を終えてすぐ辞表を出した国務長官ステティニアスの後任にした。意味のない仮定ではあろうが、仮にもステティニアスが慰留でもされて国務長官に留まっていたら、事態はどうなっただろうか。対日憎悪に凝り固まっているようには思えないステティニアスは故ルーズベルトの同意を得て自身が国務次官に昇格させた名うての知日派のグルーと組み、大統領トルーマンを説得して天皇制度の存続を含む対日宣言を、歴史の現実よりは早期に、ということは原爆投下の準備ができるよりかなり前に発出する努力をしたのではないか。

その場合に発生するのは原爆の対日使用に懸命のマンハッタン計画指揮官レズリー・グローヴズと原爆開発推進の有力科学者集団がステティニアス＝グルーの側にいかなる巻き返しをし、これに対して新大統領トルーマンがどう決断したかが問題だが、ステティニアスの後はバーンズが国務長官となり、歴史は、日本の大都市への原爆実験を必須と考えるグローヴズ＝科学者集団の利害にぴたりと沿って展開して行ったので、希望的仮想にはこれ以上踏み込まない。

バーンズを新国務長官にした大統領トルーマンは、その時点が厳密にはいつかは不明確だが、立場としてはなお一私人だったバーンズの助言で、早くとグルーが急《せ》いた対日宣言を遅らせ、米ニューメキシコ州の荒涼地でのプルトニウム型原子爆弾の爆発実験後にそれを発することにした。実験の結果次第で対日宣言の内容も変わってこざるをえないし、実験が成功であっても、それを日本に投下するにはウラン型とプルトニウム型のテニアン島基地への輸送などまだ少し日にちが要るので対日戦の続行は欠かせず、それには対日宣言を出す時期もその内容も工夫しなければならなかったからだ。まさに原爆の対日投下はいつ可能か、そこの都合に合わせて対日戦の終わらせ方も仕切られた。

七月十六日の米本土でのプルトニウム型原爆の爆発実験は成功し、ウラン型と合わせてその破壊力を実際に現実の生きた大都市で試す対日原爆投下は可能となった。今度はそれを実行する準備に軍部・科学陣は忙殺される。

しかし同時に、この桁外れの、それまでの人間の想像力を超えた原子爆弾なるものを、いくらまだ戦争中の残敵日本に対してであろうと、大都市の真中に無警告で落とすには、やはりそれなりの理由づけをしなければならない。それには戦争を終結させるせっかくの対日宣言、つまりポツダム宣言を日本に拒否させるのがいい。こうして、ある一点以外はけっこう使える対日宣言グルー案を拝借し、しかし、そこから、前提条件付きではあっても、ともかく天皇制度を容認した部分は捨て、そこの所は「白紙」にした。結果は、日本はその罠に見事に引っ掛かる。その対日宣言に対して鈴木貫太郎首相が「黙殺」ないしは同様の言葉遣いを記者団にする。それが、ポツダム宣言の「拒否」などと米側で報道され、この「黙殺」の一言を米側は原爆投下の理由にした。これより三年八カ月前に日本が米英を先制攻撃したのも、アメリカから日本に渡された一般に「ハル・ノート」と言われる挑発的な対日覚書に日本政府側が逆上したからであるが、この戦争の終結時も天皇制度の関係はわざわざ「白紙」にした米側にやはり日本政府・軍部は挑発され、正気を失った。

以上は、対日原爆投下に至る終局の経緯を、それに関する日米の資料、文献を勉強しつつ筋立てしたものであるが、あの時期の大統領トルーマン、国務長官バーンズ、マンハッタン計画指揮官グローヴズ、原爆関係の米科学者集団の裏関係については、四分の三世紀を経てもまだ浮上していない事実が多くあるように思われる。

例えば、発出されたポツダム宣言に対して日本政府がどう反応するか、トルーマン政権側は同じ国務省の中だけでも、それを拒否してほしかったのだろう国務長官バーンズと、受諾を切望したのだろう国務次官グルーの真逆の二つの立場が併存し、それぞれの派がそれこそ固唾《かたず》を飲んで日本の出方を見詰めていたのであろう。日本側の反応次第で日本への原爆投下は可能にも不可能にもなる。米国務長官の側は、ポツダム宣言を日本政府が仮にもすぐ受諾した場合の対処についてもおおむね準備はしていたであろうが、その場合の対処の中身は、調べ得た限り一切明るみに出ていない。

仮にあの時点で日本側がポツダム宣言を巡って、記者団への鈴木貫太郎首相の「黙殺」ないし、これと同様の発言ではなく、実際に広島、長崎市へ原爆を落とされた後の対処と同じく、米側に「天皇制度の存続を前提として受諾」とか、何らかの形で天皇制度の扱いを尋ねる対処を米側にしていたらどうだったただろうか。

対日問題でもバーンズ国務長官が一方的に決定権を握っていたような当時の米側は、おそらく投下準備の時間稼ぎの不明瞭な返答か、あるいは天皇制度の否認を想像させるような返事をして日本側にポツダム宣言を拒否させるか、受諾派と拒否派の内紛を日本に起こさせるかの策に出て時間を稼ぎ、予定どおりの原爆投下を敢行したのではないかと思われる。その点、米側のバーンズ派にとって、鈴木首相の「黙殺」ないし類似の発言は、天皇制度の扱いを「空白」にした自分らの術中《じゅっちゅう》に日本政府は何とも早速見事にはまってくれたと、もう安堵の思いであったろうし、グルー派ないし原爆批判派は余りにもの日本政府の馬鹿さ加減にただ呆れ返ったのではなかったか。国務省内の数少ないグルー派の一人が驚き嘆いたという記述も文献には見られる。

日米戦の終末期の米側の敗者の少なくとも一人はグルーであり、勝者はバーンズ、さらにはマンハッタン計画指揮官のグローヴズ、そして関係科学者集団であった。敗者のグルーは、原爆を二度落とされた日本政府がポツダム宣言の受諾を米英支ソ政府（ソ連は八月九日から日本に急宣戦し、日本側の満洲国などに侵攻し、ポツダム宣言にも参加する）に最終通告した、つまり敗北したその翌八月十五日にトルーマン大統領に辞表を出し、翌十六日に手厚い措辞《そじ》と共に受理された。バーンズ国務長官からグルーは日本占領のダグラス・マッカーサー連合国軍最高司令官の政治顧問の地位を提示されたが、日本占領の征服者（conqueror）として日本の友人にまみえることは潔《いさぎよ》しとしないことを理由の一つに挙げて、この人事をグルーは丁重に辞退した。そして永眠まで二度と日本の土を踏まなかった。

トルーマンとスティムソンの確執

日本への原子爆弾投下を巡ってトルーマン米政権は断行派と批判・反対派の二つに亀裂したと先に記したが、実は中間派もいないわけではなかった。

原則的には開発、そして投下を推進しはしたが、対日戦の早期終結が別の対応で可能なら、原爆を使わない策も選択すべきであるとする立場である。その代表的人物が原爆開発を所管した当の、しかし共和党員の陸軍長官ヘンリー・スティムソンであった。スティムソンは前出の米有力誌『ハーパーズ・マガジン』の一九四七年二月号で原子爆弾の開発から日本への投下までの経緯を詳しく記したが、結局のところ原爆は投下以外の選択肢はなかった旨を主張している。が、天皇制度の存続をポツダム宣言で日本側に保証していれば、現実より早い時期の原爆投下なき終戦が可能であった当時の実情については、自身がその立場であったにもかかわらず一切言及していない。それは現行のトルーマン大統領の顔を立てたというか、調子を合わせたに過ぎず、中間派であった老練の自分をむしろ卑しめる記述ではなかったか、と思われる。残念である。
原爆開発担当閣僚でもあったスティムソンは、現場の統率、事業の推進に有能だったマンハッタン計画指揮官グローヴズに存分に腕を振わせ、原子爆弾という結果を生み出そうと懸命であった。投下の直近まで日本への使用をためらった様子はなかった。が、天皇制度の存続を勝者側が認めれば日本は和を乞うてくるというのであれば、その方策を選択すべきではないか、その結果、対日戦で原子爆弾を使えなくなっても、それはそれでかまわないとも考えるようになっていた。その一点でスティムソンの立場は、原子爆弾による大人体実験へと猛進するマンハッタン計画の科学者集団、そしてその代弁者のグローヴズ、そしてバーンズとは根本から違っていた。それは、彼が七月二日付でトルーマン大統領に送った、対日建策に関する長文の覚書の最後の方を読めば歴然である。そこにはこう書いてある。

「こうした要求をしつつも、現皇室の下での立憲君主制を排除するものではないことを付け加えるべきであると私は個人的には考える。その伝達は（筆者注＝日本側にこの宣言を）実際に受諾させる機会を与えるであろう（I personally think that if in saying this we should add that we do not exclude a constitutional monarchy under her present dynasty, it would substantially add to the chances of acceptance)」

そこで陸軍長官スティムソンは、米英ソ三国首脳のポツダム会談への米代表団に加えられてはいなかったが、やっと日本に独ポツダムの地から発出されることになった対日宣言の内容を事前に同地で確かめてもおきたかったのであろう。代表団とは別に自ら独ポツダムまでやって来て、後述のように米本土での原子爆弾実験の結果を急ぎトルーマン大統領に職権として伝えて感謝されたりしていたが、対日宣言を発出する直前の某日、米英支三国の対日宣言文を見せて欲しいと大統領に求めたところ、あっさりと断られた。たとえ相手が、前大統領の急死で突如昇格した先ごろまでの単なる副大統領であったにしても、現大統領の命令には従うほかない。第一次世界大戦前の共和党のタフト大統領の陸軍長官、第二次世界大戦前のやはり共和党のフーバー大統領の国務長官、さらに第二次大戦中は民主党のルーズベルト大統領に乞われて再び陸軍長官に就いた、言わば国父的存在でもあるこのスティムソンとしては腸《はらわた》が煮えくり返るような気持であったろうが、現職の大統領には刃向えない。ポツダム会談がなお続行中の七月二十五日にスティムソンは帰国の途についた。

天皇制度容認の箇所がポツダム宣言に無いことはスティムソンも耳にしてはいたようだが、それでもスティムソンが宣言の文面を見たいとトルーマンに告げたのは、要するにスティムソンとしては、天皇制度の扱いを勝者の米側として敗者の日本にどう告げるのか、そこを誤って逆に千載《せんざい》の悔いを残しては拙《まず》いと、又聞きではなく実際の文面できちんと確認したかったのであろう。そこの扱い方次第でスティムソンはトルーマンに厳しく異議を申し立てたかもしれない。

対日戦を陸軍長官としてやり遂げた、そして、そもそもいかに日本に最初に戦端を切らせるかと腐心した旨を日記に書き残してさえいるそのスティムソンではあるが、広い意味では米側の知日派の一人であった。その広さや大人口が原爆実験地として日本の、まだ未爆のどこの候補地よりも最適とマンハッタン計画指揮官のグローヴズが最後まで貫き通そうとした京都市への原爆投下には断固として反対し、結局それを大統領トルーマンにも進言して阻止し切ったことにも見られるように、他に類例のない古い日本文化への敬意をスティムソンはあの対日戦中でも隠すことはなかった。原子爆弾の開発、日本への投下を陸軍長官として推進した彼も、民主党のトルーマン政権内の誰それや、米メディア、米世論と違って、太古からの一国の巨大な文化遺産を、その戦争での敵だからと言ってそれを破壊して喝采するような俗悪低級な人間ではなかった。戦前に彼は京都市内を歩き、日本の古代文明の面影を眼《まなこ》にしてもいる。猫に小判ではなかったのだ。

外交事項であるポツダム宣言の起草、発出は当然のことながら杓子定規《しゃくしじょうぎ》に言えば外交担当の国務省の専管事項ではあったろうが、海軍と共に対日戦を圧勝に導いた陸軍長官として、しかも原子爆弾開発担当の閣僚として、その対日宣言案の共同制作、少なくとも事前の一読くらいはしておかなければならないはず、というのがスティムソンの思いではなかったか。しかし、日本に発する前にその宣言文の一読すらも大統領トルーマンに拒まれた。

いちがいに天皇制度否認の対日宣言をすることにスティムソンが反対であることは、大統領への七月二日付の覚書でも明らかだったので、たとえ天皇関係についてはあえて何も書かない「白紙」の対日宣言に留めてはみても、スティムソンが目を通せばやはり何らかの異議が出るのではないか、とトルーマンは恐れたのであろう。

天皇関係について「白紙」であるということは、ポツダム宣言を突き付けられた鈴木貫太郎内閣、そして軍統帥部内から実際に噴き出したように天皇制度をそもそもから否認した宣言ではないかとの疑問を生む可能性がある。そうした疑念を日本側に起こさせ、ポツダム宣言を受諾させず、それを理由に日本に原爆を落とす、というのがトルーマン＝バーンズ側の謀略であり、そしてその罠に呆気《あっけ》なく日本ははまったのだが、トルーマンとしては、仮にもスティムソンからその「白紙」を咎《とが》められ、せっかくの罠を巡って独ポツダムの地で米側内部に紛議が起こることが怖かったのであろう。たとえ、外交戦の場とは言え、現に対日戦を遂行中の、そして原爆関係の担当でもある陸軍長官スティムソンをポツダム会談の米代表団に加えもしなかったのは、繰り返すが、大統領トルーマンとしては、対日宣言の内容について独ポツダムの現場で、米側内で騒ぎを起こしたくなかったからなのであろう。しかし、スティムソンは個人として独ポツダムに来てしまった。であってもトルーマンは、対日ポツダム宣言を事前に彼に読ませることはやはりできなかったのである。

おそらくこの衝突より前になるだろうが、先にも少し触れたように、七月十六日に米ニューメキシコ州の荒涼地で行われたプルトニウム型原子爆弾の爆発実験の成功は直ちに即日、その詳細も二十一日にスティムソンから職権として独ポツダムで直接トルーマンに伝えられ、米代表団から彼を外した大統領トルーマンもそのスティムソンには謝意を述べるほかなかった。しかし、国務長官バーンズと密議しながら原爆の対日投下を、日本が白旗を掲げる前に何としても実行しようと決意していたのであろう大統領トルーマンにとって、この件では中間派的存在のスティムソンが、七十七歳という、当時としてはかなりの老軀を駆って個人として独ポツダムにまで姿を現わしていたことは何とも心穏やかではなかったのであろう。

徒労に終わったソ連を通じての和平交渉

しかし、である。トルーマンから侮辱されたそのスティムソンも、日本への原爆投下を回顧した前出の米誌『ハーパーズ・マガジン』一九四七年二月号への寄稿では、前述のように日本への原爆投下は結局のところ、それ以外の選択肢はなかった旨を強調している。が、天皇制度を認める下りがポツダム宣言からすっぽり削除され、無記述となっていた問題については一言も触れていない。ましてや独ポツダムで、ポツダム宣言の下読みすらもトルーマン大統領から拒否されたことに関してはもちろんである。現職の大統領への配慮、あるいは政権屈指の高官であった立場からの秘匿義務意識が働いたのかもしれないが、ポツダム宣言での天皇制度の扱いを巡って米政権内にどういう軋轢《あつれき》があったか、そこを米有力誌への寄稿で抽象的にも触れず、すっぽり伏せてしまったことは深刻な歴史歪曲ではなかったか。繰り返すが、日本への原子爆弾投下は、それ以外の選択肢は結局なかったとスティムソンはその有力誌に寄稿したが、天皇制度の存続をポツダム宣言で保証していれば、日本政府は同宣言を、そう遅らせずに受諾する可能性があると米政府内でもみられていた事実には、それとしては言及されていない。

一方、アメリカが日本に原子爆弾を落としたことと第二次大戦終末期の日本側の情勢も切り離しては考えられない。ここで、あの時期の日本にも目を注いでおきたい。

特定の時代、時期の事柄に関する疑問、批判については、あれ以外のことはあの時まず不可能だったという訳《わ》け知り論や、ああすべきだったこうすべきだったと言うのは、しょせん後智恵の愚説と謗《そし》る逆批判もあるが、やはりあの第二次大戦の最終末期、時の日本の政権・軍部は信じ難いほど大局観を欠く致命的な判断間違いをしていた、としか言いようがない。

同盟国のナチス・ドイツが連合国側に無条件降伏して約一カ月後の一九四五年六月六日に日本では総理大臣、外務大臣、陸軍大臣、海軍大臣、軍を動かす統帥の陸軍参謀総長、海軍軍令部総長から成る恒例の最高戦争指導会議が、臨時に軍需大臣、農商務大臣も加えて開かれ、日本の国力はもはや破滅的状態という報告が内閣外局の綜合計画局の長官からなされた。にもかかわらず、聖戦完遂を旨とした「今後採るべき戦争指導の基本大綱」などが了承されてしまう。しかも、そのすぐ翌々日の六月八日には、昭和天皇が臨席し、首相、外相、陸・海相、統帥の両総長などが出席の御前会議の場で、前々日の最高戦争指導会議を通った断固徹底抗戦の基本大綱が最終決定される。国力が尽きた日本がどうして徹底抗戦できるのか、そうした詰めた議論もなく、である。

ところが、その十四日後の六月二十二日になって首相、外相、陸・海相、統帥の両総長の最高戦争指導会議構成員が天皇臨席の懇談会に呼び出され、その場で遂に天皇は、六月八日のあの御前会議とは逆方向の今度は「戦争終結の努力」を求める発言を自ら率先してなさった。昭和天皇の真意を知る天皇の政務秘書と言うべき内大臣木戸幸一《きどこういち》の裏工作による土壇場の逆転劇であった。

しかし、日本政府は昭和天皇のこの意思を受けて直ちに主な対戦相手の米国に対して終戦の意思を伝え、接触の場の提示を求めることもなく、日本への戦意を露《あらわ》にしているソ連を一方的に頼ろうとした。言うならば全く方向舵が失われていたのだ（一九四一年の対米英開戦の前から日本はナチス・ドイツと反ソ連の防共協定を、次いでこれとの関係が不確かな日本・ドイツ・イタリア三国同盟を結び、しかしナチス・ドイツがソ連と一種の友好条約と言える独ソ不可侵条約を実らせると、今度はこれに煽られて日本は敵性色の濃いソ連と日ソ中立条約を取り決める。が、今度は肝心の同盟国ナチス・ドイツが対ソ戦を始めると、日本はこの世界争乱に巻き込まれて南方進出を図り、米英と衝突するに至った）。

大戦末期、幸いにも、ぎりぎりではあったが米側はなおグルーが国務長官代理であった。無条件降伏ではなく国体護持（天皇制度容認）を前提とした有条件降伏が可能という日本への呼び掛けも米側から、フォレスタル海軍長官の同意を得て海軍情報将校のエリス・ザカライアスが短波放送で始めていた。永世中立国スイスの首都ベルンでは日本海軍の藤村義朗《よしろう》スイス駐在者が米国の戦略事務局（ＯＳＳ＝中央情報局〈ＣＩＡ〉の前身）の欧州本部側と独自の判断で接触を続け、ベルンの現地から、ＯＳＳを通じての国体維持の対米和睦が可能との緊急電報を海軍省、海軍軍令部に発信し続けていたが、本国の海軍は無反応だった。

そのころ日本政府がやっていたのは、なお有効期限内の日ソ中立条約を破っていつ対日参戦するか日本側でも時間の問題とみられていたそのソ連にわざわざ米側への仲介を頼もうという信じ難い愚策に鈴木貫太郎首相が東郷茂徳《とうごうしげのり》外相の猛反対にもかかわらず踏み込み、やむなく東郷外相も首相に妥協してしまった。

その結果はもとより、火を見るより明らかだった。東郷の要請で元首相・元外相の広田弘毅《こうき》が六月三日、四日とヤコフ・マリク駐日ソ連大使に接触していたが、終戦をめざす昭和天皇の意思を受けてこの場合も二十四日、二十九日と同大使に会った。が、この危急の局面にもかかわらず広田元首相は不得要領な話を続けるばかりで、以後はマリクも病気を理由に会わず、そんな状況の中で遂に日本政府も覚悟を決め、本国の訓令で佐藤尚武《なおたけ》駐ソ大使がソロモン・ロゾフスキーソ連外務次官に正式に対米仲介を求めた。が、答は八月九日の対日宣戦であった（ロゾフスキー次官自身は佐藤大使を丁重に扱っていた。この人物は反スターリンとして後に処刑されたが、名誉回復もされている）。

当の交戦相手の、それも主敵の米国に正面から直接堂々と白旗を掲げれば、「真珠湾への騙し討ち」などで対日憎悪の激しかった米国であろうと、当然のことではあろうが、すぐにも講和談判へと事態は進んだであろう。六月はまだ米国も原子爆弾を完成させてなく、実際に爆発実験が米本土で行われたのは七月十六日である。もちろん日本政府はアメリカが原爆を完成させつつあるとは知る由もなかったのだが、いま爲すべき正攻法は何なのか、危急の時にその判断一つできなかった日本政府への、原爆投下は自業自得と言うべきであろうか。しかし、無能な政府の巻き添えを広島、長崎市は受けた。

それにしても日本がソ連と無意味な接触を続けてくれていたから米国も対日投下への時間稼ぎができた。それだけではない。対日宣戦の準備がまだ途中のソ連にとっても日本は時間稼ぎをさせてくれていた。米国に対して日本が五、六月にも終戦の意思を通知しているか、遅くとも米英支によるポツダム宣言の発出後は、早くその受諾を通告し、米側と戦争終結の詰めに入っていれば、ソ連も対日宣戦の理由がなくなる。無駄であることも分からずに日本政府はソ連に対米仲介を求め、しかし米側とは戦闘状態を続けていたので、米国側への応援という形でソ連も対日宣戦の口実が得られ、その準備もできた。こうして、日本はソ連、そして後継のロシアに北方の、明治期以前からの固有の領土も不法占拠されたままである。

考えるに形式だけでもなお中立のソ連に頼れば多少は言うことを聞いてくれ、米側と少しはましな終戦が可能かとも思ったのであろうか。広島、長崎市の惨状を残して昭和天皇が終戦（敗北）の玉音放送を正午にしたその八月十五日午後に鈴木貫太郎内閣は総辞職したが、三年九カ月余り前に日本から先制の攻撃を仕掛けたそのアメリカに直接ではなく、なにゆえに国情も全く異なるソ連の元に駆け込むという大愚を海軍出身の鈴木首相は犯したのか。この辺も含めて本人は詳しい回顧録を残していないし、これについての研究もなぜか史学界では進んでいない。アメリカの原爆「反転」投下を分析する本題から逸れることは避けたいが、時の日本政府のこの醜態にだけはなお言及したい。
一九〇四～五年（明治三十七、八年）の日露戦争で日本海軍はロシア海軍をほぼ全滅させてしまった。以後、自身の一層の拡大を図ろうとする組織利害から、海軍としての仮想敵国がロシア、その後継のソ連から海軍大国の米英に変わった結果、主義・思想とはそう関係なく、日本海軍は総じて親露、親ソの傾きが強まった。その影響を軍政・統帥と海軍の各要職を歴任した鈴木首相も少なからず受けていたと推定せざるをえない。少なくとも、なお交戦国ではないソ連の袖《そで》にすがれば、何事かは気に掛けてもくれるのではないかという独り善がりの思い込みが、あの決定的時期に一国の外交として罷り通っていたのである。情《なさ》けないことに日本政府は事態の判断ができなくなってしまっていたのだ。

他方、トルーマン政権内の対立をくぐり抜けて原子爆弾を日本に投下することに、グローヴズ指揮官を代弁者とする原爆開発のアメリカ科学者集団は成功した。一方の日本政府側は、広島市が被爆したその翌八月七日のうちに鈴木首相が先に「黙殺」の発言をした米英支三国発出のポツダム宣言の受諾、つまり日本軍の無条件降伏その他の要求に従う決定をする作業に遂に、やっと入った。日ソ中立条約を破っての八月九日のソ連の対日参戦が日本政府にポツダム宣言を受諾させたという説が日本の研究者のごく一部にあるようだが、これは全くの誤りである。

ソ連の参戦がなくても、広島市への原子爆弾投下を受けて、日本政府は終戦、つまりポツダム宣言の受諾を決めたのである。

ポツダム宣言受諾の経緯については鈴木内閣の迫水久常《さこみずひさつね》内閣書記官長が戦後に非売品の『終戦の真相』という小冊子などを著《あらわ》し、それ自体は私家版なので世間一般の目に触れることはなかったが、産経新聞社の月刊『正論』の二〇〇三年（平成十五年）九月号にその内容の一部が掲載された。それに基づくと、被爆の八月六日の午後になって迫水氏は広島全市壊滅の一報を現地から受け、さらに八月七日午前三時ごろ当時の同盟通信社の長谷川才次《はせがわさいじ》外信部長から、日本を原爆攻撃したというトルーマン米大統領声明の米放送を同盟通信社が傍受したことを電話で伝えられた。こうなったらポツダム宣言受諾の方式で戦争を終結すべしというのが、八月七日朝の閣議の大勢であったが、念のために日本で原爆製造の研究に着手していた財団法人理化学研究所の仁科芳雄《にしなよしお》博士らが陸軍から現地に急派され、八月八日夕刻には原子爆弾に間違いないことが分かり、それを受けて遂に鈴木首相から迫水書記官長は八月九日朝に閣議を開いて終戦の意思を表明するから、その用意をするようにと下命された。迫水氏は、ポツダム宣言を受諾する首相発言の用意に入った。そうするうちに八月九日未明、また電話が同盟通信社の長谷川才次氏から迫水氏にあり、八月九日午前三時から米放送がソ連の対日参戦を伝えているとのことだった。

これらは時の内閣事務職の共通の体験でもあり、アメリカの原爆攻撃を受けた日本政府が、ソ連の対日宣戦の前にポツダム宣言の受諾を決定していたことの貴重な記録である。

ポツダム宣言の受諾は結局八月十日に、天皇制度の存続を前提としてアメリカなど関係国に通知され、この日本政府の認識を事実上肯定したと受け取れる返事（「〈略〉降伏ノ時ヨリ天皇及日本国政府ノ国家統治ノ権限ハ降伏条項ノ実施ノ為其ノ必要ト認ムル措置ヲ執ル連合国最高司令官ノ制限ノ下ニ置カルル〈筆者注＝subject to〉モノトス〈略〉」）が米国から八月十二日に到着した。だが、この米側返答の解釈を巡って政府・軍部内に紛糾が起きたものの、結局日本政府は米側回答をそのまま受け入れ、ポツダム宣言の最終的受諾を八月十四日中に米国など関係国に通告し、日本は敗北した。この数日の日米間の問答に対日駆け込み急参戦のソ連は何の発言力も持ち得なかった。日本占領の連合国最高司令官を米人一人、ソ連人一人にしたいとの希望がソ連から米国にあったようだが、米国は拒絶している。

一つ明記しておきたいことは、ポツダム宣言の受諾に反対して八月十四日夜半から十五日未明にかけて陸軍省、近衛第一師団の若干名が決起し、十五日正午に行われる昭和天皇の終戦放送の録音盤の奪取を試みたが、失敗して陸軍省の畑中健二少佐（陸軍士官学校卒第46期）など三人が自決した事件のことである。決起の心境に八月六日、九日の広島、長崎市に対する米国の大虐殺への怒りも、従来からの対米英抗戦心に加わっていなかったかどうか。この事件で決起への同調を迫られたが拒んだ近衛第一師団長（森赳《もりたけし》中将＝陸士卒28期）とそこに居合わせた、本土決戦に際して西日本の防衛を受け持つ第二総軍の参謀で近衛第一師団長の義弟が畑中少佐らに殺害され、その責任を取って東部軍管区司令官（田中静壱《しずいち》大将＝陸士卒19期）が自決した。

昭和天皇の終戦放送に反対して決起し、そして自決した三陸軍将校への感情は当時も今も、おそらく将来も人によってさまざまであろう。

第三章

地上の目には米原爆機が焼き付いていた

「ケダモノ」はどっちだったか

日本への原子爆弾投下そのことに話を戻す。

主に通常の戦略爆撃の効果を調べるためにアメリカは戦後すぐドイツのほかに日本にも「戦略爆撃調査団」を派遣したが、この調査団は一九四七年に原子爆弾についても別途報告書を出し、広島市の破壊について分析している。そのごく一端は次のとおりだ（メートル法を補う）。

「広島市は火災の面からも原子爆弾にはすばらしい試験対象であった。地形は平坦で、市の中心部からどの方向にも六五〇〇フィート（二キロ強）の広さがあり、同じ中心部から四方へ少なくとも六〇〇〇フィート（二キロ弱）の範囲は可燃性の建築が濃密度に、あるいはほどよく建っている（The city of Hiroshima was an excellent test target for the atomic bomb from a fire standpoint. The terrain was flat, extending at least 6,500 feet in all directions from the center of the city, and it was densely or moderately built up with combustible buildings for a minimum distance of 6,000 feet in all directions from the same center）」

要するに、可能な限り多くの人体を核炸裂に晒《さら》すばかりでなく、市街地そのものの焼き尽しでも広島市は実験の好適地だったと記述しているのである。

日本への原爆投下の研究者であるアメリカの現代史家ガー・アルペロヴィッツの『THE DECISION TO USE THE ATOMIC BOMB（原子爆弾使用の決断）』（一九九五年出版の五六三ページ。邦訳書は『原子爆弾投下 決断の内幕 上下』〈ほるぷ出版〉の下の二一八―二一九ページ）によれば、広島市に「エノラ・ゲイ」が原子爆弾を投下して三日後にアメリカのサミュエル・カヴァート連邦キリスト教会評議会事務局長がトルーマン大統領に対し「多くのキリスト教徒は日本の都市に原子爆弾が使用されたことに深く動揺している」などとの電報を打ったところ、トルーマンは「獣《けだもの》を相手にあなたが事を為す場合は、あなたはそいつを獣として扱わなければならない（When you have to deal with a beast, you have to treat him as a beast）」などと返事したという。いかなることを狙って「エノラ・ゲイ」による原爆の「反転」投下が広島市に行われたかを大統領トルーマンが仮に知っていてもやはり「ケダモノはケダモノとして扱わなければならない」とカヴァート氏に返書したかもしれないが、一八五四年に江戸幕府がアメリカのマシュー・カルブレイス・ペリー東インド艦隊司令官と日米和親条約を結んで以来の日米関係史、そして第二次大戦での日米戦をいくら勉強しても、広島、長崎市に原爆を、それも広島市の場合は明らかに「反転」投下したそのこと以上に、日米いずれかの行為に関する限り、「ケダモノ」と呼び得るような事柄は見出せない。どうしても日本を「ケダモノ」と呼びたいなら、それはトルーマンの自由ではあろうが、その前にいかなることが被爆地で起きたか、それを勉強してからにしてほしかった。米新聞あたりの反日報道の生噛《なまかじ》りで済ませずに。米大統領トルーマンは唾棄すべきものを表わす語としてその言葉を使ったのであろうが、そうならトルーマンよ、「ケダモノ」は汝《なんじ》自身ではなかったか、と私は問いたい。ともあれ「ケダモノ」は自然から与えられた自身の生態を必死に生きている。トルーマンは「ケダモノ」に対してもその言葉の使い方を詫びたらいい。

ルメイの誇る「戦果」とは

ここで、日本の大中小都市への無差別絨毯爆撃の推進者であった前出のカーチス・ルメイと広島、長崎市への原爆投下の関係の有無についてもなおもう少し踏み込んでおきたい。

原爆投下機の「エノラ・ゲイ」が仮にも原爆ごと日本の領域か否かを問わず陸上か海上で撃墜されたり事故で落ちたり、あるいは取り扱いの何らかの誤りで原爆が不発となり日本側の手に渡ったらどうするか、など考えられるさまざまな緊急事態への対処策も、八月に入って連日、マリアナ諸島テニアン島基地で開かれたと文献に記録される秘密会議（例えば前出の『THE ARMY AIR FORCES IN WORLD WAR II〈第二次世界大戦陸軍航空隊〉』の記述に出てくるそれ）でも検討されていたのかもしれないが、本書での最関心事である「反転」の作戦は、原爆投下が間近いこの秘密会議で案出されたのか、それともかなり早くから、いずこでかを問わず詰められていたのか。できるだけ多くの人間を核炸裂に晒したかったという旨のことをマンハッタン計画指揮官グローヴズは正直にも自ら前出の回顧録で表明している。ここでやはり突き当たる問題は、日本への、少なくとも広島市への原爆「反転」投下はやはり、マンハッタン計画指揮官グローヴズが代弁者である原爆関係科学者の欲求とは根本から切り離せない作戦であったということである。

　この数十年、少なくとも日米ではさまざまな観点から文献化されて来た一九四五年八月六日、九日のアメリカの広島、長崎市への原子爆弾投下ではあるが、言ってみれば、それはまだまだ、目隠しをされた者がその一部を撫でてこれが象だと言い合っている譬《たと》えにも似た事件であったように思えてならない。その一例は、すでに見てきた原爆部隊である第五〇九混成部隊の「key personnel《キー・パーソネル》」というものの実体、全貌がなおよく分かっていないことである。この言葉を当書ではとりあえず「特務要員」と意訳した。そう間違ってはいないと思うが、英文、和訳文を問わずその任務、活動に関する資料、文献はほとんど発見できていない。

ワシントンの米陸軍航空隊参謀長のローリス・ノースタッドが、広島市への原爆投下の六十九日前の五月二十九日付で、マリアナ諸島グアム島基地から対日戦略爆撃を指揮しているカーチス・ルメイに宛てた、日本への原爆投下を「実験」と明記する前出の示達《じたつ》の中に、この第五〇九混成部隊に新配属される「キー・パーソネル」によく協力するようわざわざ指示している下りがあった。本書（41〜45ページ参照）に掲載した以外の部分も含めてその示達を読むと、この「キー・パーソネル」とは、原子爆弾そのものを取り扱う科学要員を意味しているようだが、いわゆるインテリジェンス（謀略）系の関係者は含まれていないのか。「反転」を含む少なくとも広島市への原爆投下飛行の練り上げにはインテリジェンス系の「キー・パーソネル」も深く関与していなかったのかどうか。これまでなお「キー・パーソネル」の実態は明確に浮上しているようには見えない。それだけその働きは秘密にしておかなければならない性質のものであったという一つの裏付けになるのではないか。

第五〇九混成部隊の隊長で原爆投下機「エノラ・ゲイ」の機長のポール・ティベッツがどの程度まで「反転」作戦の練り上げに関わったかは不明であるが、いずれにしても彼は一連の経過の中で集大成された謀略的「反転」作戦の忠実にして有能な実行者ではあったと思われる。

一方、この原爆「反転」投下作戦の最前線における高い地位での、それも原爆投下に比較的近い時期の少なくとも形式上は密接な関与者となれば、カーチス・ルメイを除くことはできなくなる。事実上の独立単位だった原爆部隊の第五〇九混成部隊もそこに編入された、七月十六日付で新編成の米陸軍第二〇空軍の司令官にルメイは就き、次いですぐに彼は、広島市への原爆投下の直近の八月二日付で対日戦略爆撃の最上位組織の米陸軍太平洋戦略空軍の参謀長に昇格した。

しかし、その各地位にもかかわらずルメイは対日原爆投下作戦にそう深い関係はなかったと思われる。その理由についても第一章で記述した。おそらく第五〇九混成部隊も加わる新編成の米陸軍第二〇空軍の司令官に七月十六日付で就くその前後まで原子爆弾については、前出のように、六月半ばにマンハッタン計画のグローヴズ指揮官からワシントンで説明を受けた以外には終始、蚊屋《かや》の外に置かれていたことへの不快感もあったのではないかと思われるが、原爆部隊が属する航空隊の司令官なのに原爆作戦にはよそよそしく、これがさらに高位の軍組織の参謀長ではあるが命令権のない立場への栄転的左遷人事となったのではないか、との推定はすでに記した。

ただ、このカーチス・ルメイについては、対日原爆反転投下を扱う本書のテーマからは逸れるが、もう少しきちんと人物像を示しておかなければならない。全く異質な原子爆弾というものが現れるまでの最も残虐な、大中小都市への無差別絨毯爆撃を日本に対して猛推進したのがこの人物だからである。

軍事目標のみを狙って精密な爆撃をしようとすれば、それは昼間にならざるをえないが、その場合は高射砲、戦闘機の迎撃も激しくなるので高空での飛行を強いられ、命中度も悪くなる。マリアナ諸島に基地を置き、一九四四年（昭和十九年）の晩秋からB29による日本への戦略爆撃を始めた米陸軍第二一爆撃機集団は、昼間に、しかし高空から精密に狙うというこの矛盾をうまく両立させられなかった。一例を挙げると、第二一爆撃機集団は当時の東京都北多摩《きたたま》郡武《む》蔵野《さしの》町の、軍用機のエンジンを製造する中島《なかじま》飛行機武蔵製作所をかなりの多数機で猛爆し始めた。大規模な工場群ではあったが、B29の多数機なので一、二回の空襲で工場群は壊滅するかと思われたが、やはり高空からの命中度は低く、全滅するまでそのエンジン工場群は幾度となく空襲に晒されなければならなかった。

そのころ、当時の東京都小石川《こいしかわ》区内の国民学校（小学校の戦中の呼び方）の五年二、三学期だった私はその軍用機エンジン工場から五、六キロは離れていたと思われる同じ東京都北多摩郡の保谷《ほうや》町のある農場に学校集団疎開をしていたが、その農場の近辺にまで逸《そ》れた爆弾が落下し、少なからぬ保谷町民が爆死した。疎開児童もしばしば農場内の横穴防空壕に待避した（危機に見舞われたその国民学校は、新潟県の山間部に間もなく再疎開した）。

遂にワシントンの米陸軍航空隊司令部は、すでにドイツで無差別絨毯爆撃の経験のあるカーチス・ルメイを陸軍第二一爆撃機集団の司令官に起用する。マリアナ諸島の基地に現われたルメイは、軍用機工場その他の明確な軍事目標とは別に、消火不可能なほど密度高く大量の焼夷《しょうい》弾《だん》を広域の市街地に集中的に投下して一帯を焼き尽し、そこの住民も丸ごと焼き殺す作戦に移り、そのために着地密度が散漫になる恐れのある高空からの投下をやめて低空で襲うことにした。それに伴う高射砲、戦闘機での迎撃の危険を避けるために、そして地上は防火がしにくい夜間の襲撃を選んだ。夜なので編隊は組みにくく、空襲の米機は一機ずつ現われた。一九四五年三月十日未明の東京下町への大空襲は、こうした戦術の手始めで、隅田川両岸地域を含む以東の東京下町はこの一晩で全滅し、当時の帝都防空本部のその六日後現在の調べによると、死者が一晩で七万六〇五六人、負傷者は九万七九六一人に達し、被災面積は当時の東京都区部の約四割にのぼった。死傷数は一桁まで出してあるが、もちろん、あくまで便宜的な数字であって、真の死者数、負傷者数は出す術《すべ》もなかったであろう。

赤ん坊、老人もろとも一般住民を広い範囲にわたってほとんど根こそぎ焼き殺そうとする一九四五年三月十日以来の日本の大中小都市への無差別絨毯爆撃がルメイの戦法であることは、米側の諸資料、諸文献によっても明らかであるが、何よりルメイ本人が自身の講演（一九四五年十一月十九日にニューヨーク市で行われた前出のオハイオ州同郷者会の場）でそれを次のように裏打ちしてもいる。

「アメリカは空で驚異的なことをしました。最も驚異的なことをです。控え目に申してもです。それは『超空の要塞』B29を展開したことです。と言いますのも、この武器を使って私は太平洋の任務で日本を破滅させました。そのことを皆さんにお話させていただきたく存じます（America has already done wonderful things in the air. Perhaps the most wonderful thing she did – and I use the word "wonderful" advisedly – was to develop the B-29 Superfortress. Because my mission in the Pacific was so to direct the use of this weapon as to destroy Japan, I would like to talk to you about it）」

ルメイがこう誇るうちのあの一夜、一九四五年三月十日の未明、この時、前述のように国民学校五年三学期の私は学校集団疎開先の東京都北多摩郡保谷町の農場から、いつでも避難できるようにゲートル（巻《ま》き脚絆《きゃはん》）を付け、外套《がいとう》を着たまま級友と共に約二十キロ先の夜半の東京都心方面をまんじりともせずに見詰めていた。あの時、遠方からでも目に入ったかなり低空のB29は確かに一機ずつ現われては焼夷弾と思われるものを次々と撒いて行った。ぱらぱらとコメ粒のようなものが機体から落下するが、それが個々の焼夷弾を多数ひと括《くく》りにした集束弾なのか、それが解け散った個々の焼夷弾なのか、むろん、その区別の知識もなく、またその違いを知っていても、二十キロほどの遠方からでは、その見分けもつかなかったであろう。夜半ではあったが、地上の猛火により空も真っ赤で、一つ一つのB29の機体も、極めて小さいながら低空でもありよく見えた。しかし、何の音も聞こえてこない。まるで無声映画でも見ているような夜半であった。朱に染まった夜空の下の阿鼻叫喚《あびきょうかん》は想像もできなかった。

ルメイに勲一等旭日大綬章を与えた佐藤政権

このような東京空襲を命じたのがカーチス・ルメイという人物だったことは、戦後も随分経ってから知り、そして戦後にこのルメイは、陸軍から独立した米空軍の参謀総長にまで出世し、佐藤栄作政権が始まっていた一九六四年（昭和三十九年）十二月七日に、「次期戦闘機種の決定」など戦後の日本の航空自衛隊の発展に協力したという「功績」により日本の最高級勲章の勲一等旭日大綬章を授与されている。しかし、当時の防衛庁で防衛庁長官からでもなく、何か世間から隠れてかのように航空自衛隊の埼玉県入間《いるま》基地で航空幕僚長から渡された。

このルメイに勲一等旭日大綬章を与える参考資料として佐藤栄作内閣で作られたルメイの経歴は、日本への原爆投下の準備が最終段階に入り、そして実際に投下された一九四五年（昭和二十年）の七、八月が空白になっている。このことは、勲一等旭日大綬章を日本からもらうルメイが、とりわけ広島、長崎市に原子爆弾が投下されたその八月六日、九日に、原爆投下を所管する最上位の米陸軍太平洋戦略空軍の参謀長、つまり投下作戦立案の前線での最も高い地位にいたという事実を日本国内に隠してみせたとしか考えられない。広島、長崎市へのアメリカの原子爆弾投下作戦にはルメイはその地位にもかかわらず実質的にはそれほど深い関係はなかった可能性が高いことを本書は指摘しているが、そのことと、形式的にではあってもその時期にその地位にいた事実を隠すことは別問題である。佐藤栄作政権の時の日本政府のルメイ叙勲とそれに伴う経歴隠蔽の不祥事疑惑は戦後の日米協力体制そのものをも卑しめる。

ただ本書で通常の対日無差別絨毯爆撃の推進者であったこのカーチス・ルメイを繰り返し取り上げるのは、このルメイにしてなお、アメリカに白旗を掲げるのは時間の問題になっていたような日本に原子爆弾を連続して二個投下した自国のその行為には強く疑問を感じるところがあったように見受けられるからである。

優れていた原爆投下批判の政府声明

広島、長崎市への原爆投下では、ただの一個の爆弾でそれこそ、その炸裂の瞬時にそれぞれ万単位の人命が消され、あるいは後々まで放射線障害に苦しんだ。

少し遠くにいてその瞬間は生き残っても、熱線で体を焼かれ、皮膚が大きくだらりと垂れ下がり、吐血し、呻《うめ》き苦しみながら無数の裸体が一帯をさまよい、必死に水を求め、やがて死んでいく。言葉を失うその世界は、少なくとも広島市の場合、人々が防空壕、その他の避難場所から地上へと警報の解除と共に露出していた一時《いっとき》を狙っての「反転」投下によって、さらに幾層倍も拡大されて作り出された。三月十日の東京大空襲に続く日本各地への無差別絨毯爆撃の行き着く先の光景とも言えるが、根本から異なるようにも思える。生きたまま皮膚を垂らし、のたうつ裸体の群、皮膚に赤紫班が生じ死に至る放射線障害の無残など、それまでの無差別絨毯爆撃の惨状とも事が根本から違っていた。言うならば、人々に崇《あが》められもする「実験室の博士」の妄執《もうしゅう》が加わった凶行であろうか。しかも、できるだけ多くの人間を地上に露出させて核炸裂に晒す、広島市への原子爆弾「反転」投下のそのやり方までも「実験室の博士」の発案なのか、それともワシントンの誰々なのか、「キー・パーソネル」を含むテニアン島基地の誰々なのか、そこは不明なのだが、日本への原爆投下の研究者である米国のガー・アルペロヴィッツは、前出のように自著『原子爆弾使用の決断』で、ルメイが原爆に関しては「あのことは全て一貫して文民の決定だった」と述べている事実にも言及している。この言葉でルメイは原爆投下に関する限りは「無実」と身の潔白を主張しようとしたのであろうか。

多くの失態、判断の間違いを重ねながらも日本政府は、日本軍の無条件降伏などを要求する米英支三国のポツダム宣言の受諾を最終決定する八月十四日より四日前の八月十日、広島市へのアメリカの原子爆弾投下に対し、次のように見事な抗議声明を発表している。長くなるが、全文をここに掲載する。文中には広島市のみ取り上げられているが、八月十日付のこの文書に九日に発生の長崎市への原子爆弾投下は含め切れなかったのであろうと思われる。が、もちろん長崎市のことも含まれていると考えておかしくない内容である（新仮名遣い、新字体にした。部分的に句読点、振り仮名も付け、行替えもした。一カ所に事実の誤認があるが、原文を生かしてママ印を振った）。

「本月六日、米国航空機は広島市の市街地区に対し新型爆弾を投下し、瞬時にして多数の市民を殺傷し、同市の大半を潰滅せしめたり。

広島市は何ら特殊の軍事的防備乃至《ないし》施設を施し居《お》らざる普通の一地方都市にして、同市全体として一つの軍事目標たるの性質を有するものに非ず。本件爆撃に関する声明において米国大統領『トルーマン』はわれらは船渠《ドック》、工場および交通施設を破壊すべしと言いおるも、本件爆撃は落下傘《ママ》を付して投下せられ、空中において炸裂し極めて広き範囲に破壊的効力を及ぼすものなるを以って、これによる攻撃の効果を右の如き特定目標に限定することは技術的に全然不可能なること明瞭にして、右の如き本件爆撃の性能については米国側においてもすでに承知しておるところなり。

　また、実際の被害状況に徴するも被害地域は広範囲にわたり、右地域内にあるものは交戦者、非交戦者の別なく、また男女老幼を問わず、すべて爆風および幅射熱により無差別に殺傷せられ、その被害範囲の一般的にして、かつ甚大なるのみならず、個々の傷害状況よりみるも、未だ見ざる惨虐なるものと言うべきなり。

　抑々《そもそも》、交戦者は害敵手段の選択につき無制限の権利を有するものに非ざること、及び不必要の苦痛を与うべき兵器・投射物、其《そ》の他の物質を使用すべからざることは戦時国際法の根本原則にして、それぞれ陸戦の法規慣例に関する条約付属書、陸戦の法規慣例に関する規則第二十二条、及び第二十三条（ホ）号に明定せらるるところなり。

　米国政府は今次世界の戦乱勃発以来再三にわたり毒ガス乃至《ないし》その他の非人道的戦争方法の使用は文明社会の輿論により不法とせられおれりとし、相手側において、まずこれを使用せざる限り、これを使用することなかるべき旨声明したるが、米国が今回使用したる本件爆弾は、その性能の無差別かつ惨虐性において、従来かゝる性質を有するが故に使用を禁止せられおる毒ガスその他の兵器を遥かに凌駕しおれり。

　米国は国際法及び人道の根本原則を無視して、すでに広範囲にわたり帝国の諸都市に対して無差別爆撃を実施し来り、多数の老幼婦女子を殺傷し、神社、仏閣、学校、病院、一般民家などを倒壊または焼失せしめたり。而《しか》して今や新奇にして、かつ従来のいかなる兵器、投射物にも比し得ざる無差別性、惨虐性を有する本件爆弾を使用せるは人類文化に対する新たな罪状なり。帝国政府は自らの名において、かつまた全人類および文明の名において、米国政府を糾弾すると共に、即時かかる非人道的兵器の使用を放棄すべきことを厳重に要求す」

一九四五年（昭和二十年）八月十日付のこの日本政府声明はまことに優《すぐ》れている。ポツダム宣言受諾の四日前の日本政府の態度は、後々の卑屈さとは対照的に、あくまで凛《りん》としていた。しかし、ここまでの気概を示した日本政府であれば、いかに敗戦、被占領の大混乱中であろうと、何故に即刻、自ら原爆障害の専門医療機関を広島、長崎市近辺に設立し、被爆者の治療に力を尽くさなかったのか。放射性疾患への知見が乏しかったのなら、なぜ正面から堂々と占領国側、中立国側に治療への協力を要求しなかったのか。国敗れれば国の品性も留まることなく堕してしまうのであろうか。

やはり「エノラ・ゲイ」は反転していた

ここで、本書の目的である「エノラ・ゲイ」の原子爆弾「反転」投下の証明にまた立ち戻りたい。第一章でおおむね記述したが、なお付け加えたいことがある。

広島市への原爆投下機「エノラ・ゲイ」のポール・ティベッツ機長は戦後四十年の一九八五年二月に米アラバマ州マクスウェルの米空軍史研究センターの歴史聴問《オーラルヒストリー》の制作に応じたが、話が広島市への原爆機の飛行経路に差しかかると、答がなんとも曖昧になってしまった。この研究センターが所蔵しているティベッツへの聴問記録の中でも不可解な一つを見てみよう（括弧内を入れる）。

研究センター「（広島市への原爆投下の）任務ではいかなる航法が使われたのか。天体航測か」

ティベッツ　「夜が明けるまではまず天体航測です。（略）広島、長崎市への飛行とも地理的に見て海岸線の目立った点を選んだ。そこはどこだったか憶えていないので聞かないで下さい。そこは目立った所だった。そこならば、注意してさえいれば誰が機上で見ていても、誤って飛んでしまうことはないでしょう（Primarily celestial until daylight.（略）Both landfalls for the Hiroshima and the Nagasaki missions picked a very prominent geographical point on the coastline. Don't ask me what they were - I don't remember. They were prominent. Any careful observer would not be able to go wrong as far as those places were concerned)」

広島、長崎市へは海岸線の目立った場所を飛行の目標にしたので、誰であろうと誤まって飛ぶことはないと答えながら、そこはどこだったか憶えてはいないので尋ねないでくれとは、なんとも話の辻褄が合わない。

当時、敵機に対する陸海軍の監視体制とは別に防空監視哨と呼ばれる内務省（警察）管轄の敵機監視拠点が法制に基づき全国に張り巡らされていたことはすでに見てきた。どこからどこへどんな種類の敵機がいつ何機飛んで来たか、そのおおむねの高度は、と各監視哨はその地区の本部へ、本部からは軍へと速報する体制ができていた。監視哨には地元民らが交代の二十四時間体制で張り付き、いわゆる「銃後の守り」として、その勤務者は義務感を抱いていた。しかし、残念なことに敗戦の際に他の軍関係の文書類と同じく、防空監視哨の記録類も一斉にほとんど廃棄されてしまった。

広島市に原爆を投下した「エノラ・ゲイ」と随伴二機は四国の徳島県―香川県―瀬戸内海―そして広島県へという米側の「戦闘命令（FIELD ORDER）」で開示されている飛行経路ではなく、日本へは四国と九州の間の豊後水道を北上して入り、東へ抜けたことは、第一章で見てきたように確実とみられ、その場合、四国の愛媛県から豊後水道に突き出た佐田岬《さだみさき》半島の上空かその近辺を北へと通過したと考えられる。

そこでこの半島の当時の防空監視哨の残存記録をなんとか現地で捜してみられないかと、二〇一九年に大分県佐賀関《さがのせき》半島の佐賀関港から船で愛媛県佐田岬半島を訪ねた。が、やはりその関係の収穫はなかった。佐田岬半島の言わば付け根に位置する愛媛県西宇和《にしうわ》郡伊方《いかた》町の町《まち》立町見《み》郷土館の主任学芸員兼館長の高嶋賢二《たかしまけんじ》氏によると、佐田岬半島には戦中、三カ所に防空監視哨があって、そこの当時の活動についての調べも地元ではかなりされていたが、敵機監視の記録類そのものはやはり終戦の際に廃棄されてしまった模様だ。ある監視哨跡に焼却の燃え残りが発見されたが、ほとんど判読できなかったようだ。高嶋主任学芸員に取材中に愛媛県松山市の郷土史家多田仁《じん》氏にも出会ったが、多田氏が分かっている限りでは、愛媛県内の防空監視哨に関しては、やはりまず監視記録類は残っていない、という。

広島市へのアメリカの原爆投下に関する調査報告を作成した、第一章で言及の海軍呉鎮守府は、呉軍港関係の諸艦艇を防備する目的もあって、中国・四国・九州一帯などの民・軍合わせて約四百五十カ所もの防空監視拠点から敵機襲来の情報を独自に受ける仕組みを作っていた。従って、前述の若木海軍技術大尉も加わった八月七日夜の広島市全滅の検討会でも、さらに「九月」付の調査報告書の取りまとめに至るまでも、そうした周辺一帯の多数の防空監視拠点からの情報も当然承知されていたと思われる。

しかし、呉鎮守府のその調査報告書には、広島市への原爆投下があった八月六日朝の広島市周辺の米機の動きとしては、これも繰り返すが、豊後水道を北上して広島市上空を旋回し播磨灘へ脱去の大型三機と、その後に瀬戸内海方面から北西進し、次いで広島市方向へと今度は西進するやはり大型三機以外のことは記されていない。広島市への原子爆弾投下に関する米側の「戦闘命令（FIELD ORDER）」で指示されている前出の北緯三三度三七分・東経一三四度三〇分（徳島県沖の大島）―北緯三四度十五分三〇秒・東経一三三度三三分三〇秒（香川県荘内半島の突端）―北緯三四度二四分・東経一三三度〇五分三〇秒（広島県三原市内）の経路も、それ以外の飛行もである。

　ということは、広島市方面への米機の動きはあの同日同時刻ごろ、呉鎮の報告書が言及したり、そこに吸収済みと判断できる以外には、民間、軍合わせたいずれの防空監視拠点からも米機に関する報告がなかった、つまり米機の飛行はなかった、としか考えられない。

　海軍呉鎮守府が広島市壊滅について検討会を始めた八月七日は、米英支三国のポツダム宣言について御前会議で鈴木貫太郎首相から玉意を促された昭和天皇が受諾を明言する八月十日未明より前なので、戦争関係の諸文書の一斉廃棄は中央、末端ともまだ始まっていない。従って、広島市の事態について追究をする呉の海軍側も、密度高く分布している防空監視拠点からなお刻々と入り、記録されていた情報に基づいて広島市を全滅させた米機の侵入経路を判断したと考えるほかない。

もし、徳島県からであろうと高知県からであろうとあの早朝に太平洋から四国に侵入してそこを横断し、香川県か愛媛県から瀬戸内海を抜けて広島県に至っていたら、四国のいずれかの、それもおそらく複数の防空監視拠点でその米機は捉えられ、それぞれの手順に従って海軍呉鎮守府まで通報されていたと考えざるをえない。それが、あの日時の広島地区への米機飛来の記述としては、周辺の四百五十カ所の監視拠点からの情報を集約した海軍呉鎮守府報告書でも「豊後水道及国東半島ヲ北上セル敵大型三機……」とか「松永監視哨ハ敵大型二機西北進中ヲ発見　同哨ヨリ三機ト訂正」などとしか出てこないのは、広島市方面までのその時刻ごろの米機飛来としては、この呉鎮報告書以外はなかったとみなすほかない。この状況は、前出のように、広島市への原爆投下の八月六日は投下時刻の朝八時十五分の四時間前から六時間後の十時間にわたり、広島市内の原爆投下地点から半径八十キロ余りの範囲で原爆関係機以外の飛行を米側が禁止した、その事実とも符合する。

こう詰めていくと、海軍呉鎮守府の報告書に八月六日午前七時過ぎに豊後水道を北上して西からと、そして八時過ぎに東からと明記されたいずれも大型の米三機の出現は同一の三機で、まさしく原爆投下の「エノラ・ゲイ」と爆発観測、写真撮影の随伴二機の「反転」飛行とみる以外にない。

要するに、四国と九州の間の豊後水道を北上していったん広島県に入った三米機は、若木氏が確信していたように原爆機で、それが岡山県児島半島ないし、そこが接する播磨灘の辺りで地上の警報解除を知り、すぐ機首を返して「反転」し、大方向として広島市に向い、西進したのである。第一章で見たように警報解除の地上のラジオ放送は、前出のゴードン・トーマスとマックス・モーガン－ヴィッツ共著の『エノラ・ゲイ―広島への任務』で「エノラ・ゲイ」の傍受要員（Radio Operator）と記されている乗組員のリチャード・ネルソンあるいは他の者が聴取したのであろう。

ただ、念には念を入れてと思い、四国の全県を含む瀬戸内海周辺などの県市町立図書館、文書館について、戦時中の防空監視に関わる幾つかの単語《キーワード》を使って横断検索をしてみた。さらに米側の「戦闘命令（FIELD ORDER）」で指定された、四国の徳島県、香川県を通る経路や豊後水道など海軍呉鎮守府の報告書に出てくる海域の周辺の自治体図書館、文書館などには直接電話で関係記録類の存否を尋ねたが、広島、岡山、大分三県内を除くと関係記録はどこにも所蔵されていなかった。そして、残ったこの三県のうちの二県については第一章で詳述した。つまり、広島県の甲山防空監視哨副哨長の回顧は極めて貴重であること、また岡山市立中央図書館所蔵の「防空監視詳報　岡山市防空本部　岡山市警防課」も、米原爆機の「反転」を追究する上で無視できないことをである。しかし、大分県立図書館に廃棄を免れ所蔵されていた大分地区の「防空日誌」というものは警戒警報、空襲警報の発令、解除の日時が羅列されているだけで、敵機そのもののことは何も記載されてなく、あの時期のせっかくの「防空日誌」ではあったが、無意味な資料であった。

結局、広島市への米原爆機の飛行経路に関わる日本側の何らかの防空監視関係の記録類は広島、岡山両県内の二例外を除くと残存しておらず、しかも、この二件はいずれも米側の「戦闘命令（FIELD ORDER）」の原爆機飛行経路と合わない。そして、この米側の「戦闘命令」の原爆機経路はあの被爆時の海軍呉鎮守府の追究作業の中でも探知されていない。ゆえに、戦後に開示されている八月二日付の米側の「戦闘命令」の原爆機経路は、以後の作戦会議の中で急に変更、放棄された一応の予定に過ぎなかったのか、もともと日本側への漏洩を防ぐ万全の措置としての替え玉だったのか、そのいずれかであったとやはり結論づけるほかないのである。

米側は真相を語らず、しかし虚偽も言っていない

そして、もう一つ、はっきりさせておかなくてはならないことがある。

日本側で警報が解除され、人々が防空壕などから地上に出てきたその隙《すき》を突くこの原爆「反転」投下に関しては、その作戦の手法それ自体が左記のように本来成り立たず、従ってそんなことを米側が考えるはずもないという反論がある。しかし、これまで見てきたように、「エノ

ラ・ゲイ」など三機の飛行経路を、念を入れて追求していくと、おのずと「反転」が立証される結果となっている。だが、反論も聞いてみよう。

警報解除の隙を突く「反転」投下と言っても、警報を発令し、解除するのは日本側であり、いつ警報が解除されるか、いつまた発令されるか、それは米側には分からないではないか、と反論側は笑う。警報が解除され、それが続くのなら、地上に露出した多数を一挙に被爆させられるかもしれないが、また警報が出されてしまっている可能性もある。その場合はどうするのか。その時はその時で警報中でもやはり投下するということなら、危険な敵地の上空で警報解除の時を狙う「反転」という時間待ちの回り道をしたりせず、米側の「戦闘命令（FIELD ORDER）」のように広島市へはテニアン島基地からあくまで直行して投下し、すぐに去るに越したことはないではないか、第一、燃料が持つのか、と。

確かに、これが普通の見方であろう。失敗は許されない史上初の原爆攻撃である以上、目標地点への投下をともかく成功させることが第一で、警報解除中に運よく落とせるかどうかもおぼつかないのに、危険な敵地上空で賭け事のような滞空をするとは何たる下策、と思えなくもない。アメリカの対日空爆に詳しく、その関係著作を勉強し、米側部隊名の和訳を一部借用させていただいた奥住喜重《おくずみよししげ》氏、工藤洋三《くどうようぞう》氏も「反転」否定だったし、「反転」の真否についてなお結論を出していない秦郁彦氏を除くと若木氏の「反転」説が黙殺されてきた事情も分からなくもない。広島市の爆心地に近い、外国人らしい姿が目立つ広島市立「平和記念公園」の中の公益財団法人広島平和記念センター管理の「広島平和記念資料館」の原爆史説明の部屋でも、原子爆弾の「反転」投下には、一つの説としても全く言及されていない。

しかし、考えるに、巨費を投じて秘密裡に開発された原子爆弾の、それも史上初めての実戦での投下である以上、その威力を最大限に顕示しようとするのは、そして戦争中だからこそ戦闘行為を隠れ蓑《みの》として人体実験も果たしておきたくなるのは、たとえ国際法蹂躙《じゅうりん》の指弾を受けようと、その開発を主導した科学者たちや技術官僚おおかたの本能のようなものであっただろう。それでも、日本の防空能力がそこそこ顕著であったら、おそらくB29などの大編隊を組んでのごく通常の直行投下を選択したかもしれない。被爆を避ける急遽離脱を大編隊で実行するのは容易ではなかったと思われるが、訓練を重ねて可能にしたかもしれない。

ところが、戦争終末期の一九四五年夏、いやそれよりずっと以前から日本のとりわけ高空は、その高度を飛べるB29にとっては事実上、無防備、無抵抗状態であった。日本と同じく多くの都市が米英機の空襲で壊滅したドイツの場合、それでも高射砲や空戦での迎撃で、B29に非ざる米英機（B17、B24など）は甚大な被害を受けていたが、日本空襲の場合、九千～一万メートル前後の高空のB29だと、昼間でも日本側にはそれに対抗できる高射砲も戦闘機もなく、それくらい日本の高空はB29には全く自由往来のようなものだった。これについては「エノラ・ゲイ」

のティベッツ機長が先の米空軍史研究センターの歴史聴問に対して次のように答えている。

研究センター　「さて、敵戦闘機への対策に戻ると、あなたの防護の基本は高度と速度ですか」

ティベッツ元機長「高度と速度です。我々は絶対に安全であった。あの高度の我々に何か仕掛けてこられる防空陣を日本は持っていなかった。そのことを我々は承知していた（Altitude and Speed. We were absolutely certain, they had no antiaircraft that could do anything to us at that altitude. We knew that)」

そして、米B29も単機かごく少数機の時は偵察か気象観測かと思われ、日本側は警報を出しても避難勧告の警戒警報どまりで至急待避の空襲警報にはしなかった。生産活動や一般の生活を妨げたくないという配慮があった。日本のラジオ放送を機内で傍受していた米側は日本側のこの防空態勢を承知していた。こうして広島、長崎市への原爆攻撃は、安全な高空からの少数機（この場合は三機）で実行され、しかし高空からは困難な精密命中を可能にする、つまり相当の矛盾を克服する猛訓練が行われた。

こうした工夫を凝《こ》らしての日本の高空からの原爆投下作戦なので米側も自分が襲われる危険性はまず考慮せず、専ら原子爆弾の猛威をどれほど発揮させ得るか、そこに戦術の焦点は合わされた。とりわけワシントンの陸軍航空隊司令部からは、早くから前出のようにノースタッド参謀長名で今度の「開発途上兵器（primary weapon）」の投下は実戦を借りての実験である旨の通知が対日戦略爆撃基地のマリアナ諸島にまできている。であれば、実験側を満足させ得る投下作戦に、第一線側としてもなんとか協力しなければならない。第五〇九混成部隊の作戦が専ら軍事目的なら、たとえ大破壊作戦であったとしても、関係工場の密集地とか軍港とか、せいぜい何らかの地点を爆砕し焼き払えば済みそうだが、「開発途上兵器（primary weapon）」の実験とまでワシントンが言うなら、第一線側としてももう好きなようにワシントン側にとことんやらせてみるほかないだろう。

　こうした次元の話となってくると、それはもはや、第一線の第五〇九混成部隊長兼「エノラ・ゲイ」機長のティベッツあたりの出番ではなく、ワシントンのマンハッタン計画指揮官グローヴズや第一線なら第五〇九混成部隊に配属された「キー・パーソネル」の舞台ではなかったか、と思われる。グローヴズの後ろの関係科学者集団との十分な調整も欠かせなかったであろう。史上初めての原子爆弾投下は、マリアナ諸島のテニアン島基地を発って、真っ直ぐ飛んで、さっとただ落してくれれば済むといったごく単純な性質のものではもともとなかったのだ。史上初の原爆投下だから失敗は許されず安全第一のはずという見方は根本から間違いで、史上初だからこそ安全第一と尋常ならざる巨大実験の成功を何としても両立させなければならず、それをワシントンなど本国のグローヴズ・科学者集団とマリアナ諸島の第一線側が密に連絡を取りつつ可能にしたと考える。ティベッツはこうして案出された作戦の実に有能な実行者であったのであろう。

八月六日(月曜日)朝八時過ぎごろであれば、市内や市外からの通勤者など大勢が表《おもて》にいる。できればその一刻を狙いたい。それも、無警報状態であったら申し分ない。その点、単機か二、三機なら、たとえ警報が発令されても警戒警報で終わるだろうし、その場合は、空襲警報の時ほど一斉に防空壕などへの待避は始まらないことは容易に想定できる。警戒警報が発令されてしまうかもしれないのに、そんな無意味な「反転」作戦は考えるはずもないという指摘は、関係する米側当事者の執念を見過ごしている。警戒警報なら発令されても、なお少なからざる人々が地上にいる可能性がある。実は一種の陽動作戦だったのか、それほど遠方ではない山口県宇《う》部《べ》市、瀬戸内海を隔てた愛媛県今治《いまばり》市には五日夜から相次いでB29大編隊の空襲があり、広島地区にも警戒警報、空襲警報のサイレンが繰り返されていたが、しかし、広島地区には結局何事もなく、人々は警報に慣らされ、広島地区に六日朝七時九分に警戒警報が出された時も少なからざる人々が姿を地上に晒したままだった。実際に高空に見えたのは偵察か何かかのほんの何機かである。その時刻でも、まだ疎《まば》らではあったが、市内には勤め先へ、建物解体作業へと急ぐ人々が見られたが、一斉に反射的に防空壕に待避したりはしなかった。いったん東の播磨灘方向へとひと回りして戻ってくる「反転」の作戦は、それでもなお警報の解除を狙いつつ、同時にさらに多くの通勤者を大きく網に掛けられる「八時十五分」投下への時間調整にも欠かせなかったのであろう。そして、まことに原子爆弾は八時十五分十五秒か十七秒（三十秒という文献もある）に落下していった。「エノラ・ゲイ」のこの驚くべき正確さに米側で大いに相好を崩したのは、軍人ではなく、関係の科学者たちではなかったか。

しかし、原爆機「反転」の説に対しては、さらに、こういう疑問も持ち出されるかもしれない。たとえ安全な高空での飛行と言えど、いや高空であれば、むしろなおさらその飛行は地上から幾多《あまた》の人の目に晒される。「エノラ・ゲイ」など三機の飛行も同様で、地上からの目の存在を無視はできない以上、それに関する虚偽、この場合は広島市までの直行を米側が言い立てても、化《ば》けの皮が剝《は》がれるだけではないか、と。確かにその見方もあり得るだろう。しかし、米当局側はいささかも虚偽を言い立ててはいない。

確かに米側は、本書で繰り返し見てきたように、管轄の米陸軍第二〇空軍の八月二日付「戦闘命令（FIELD ORDER）」で、「エノラ・ゲイ」など三機の飛行経路を緯度と経度で指示している。それを地図に当てはめれば、前出のように四国の徳島県沖の大島―香川県の荘内半島の突端―そして広島市内への発進点と見られる広島県三原市内となる。しかし、「エノラ・ゲイ」など三機の原爆作戦に関するやはり米陸軍第二〇空軍の「最終報告（FINAL REPORT）」では、広島市への三機の飛行経路は無記入である。従って、このことに関する限り米側は真相も、しかし必ずしも虚偽を言ってもいない。

小学生は見た、そして書き残した

ここの所はもう少しきちんと詰めておきたい。

広島市への原子爆弾投下に関する米側の「最終報告」は、「エノラ・ゲイ」など三機の飛行経路を除くそれ以外の要点はいろいろ記述されている。「戦闘命令」と重複してもである。「エノラ・ゲイ」など三機がもし「戦闘命令」の経路どおりに飛行していたとしても、「最終報告」であれば、改めてその緯度・経度を記録していいはずである。それどころか事後の「最終報告」なのだから、防諜を考えざるをえない事前の「戦闘命令」よりもっと詳しく、何地点かにわたって、とくに日本上空に入ってから広島市内の投下地点までの緯度・経度は明記されるべきことではないかと思わざるをえない。

原爆投下作戦の一切は絶対的な国家秘密とみなし、関係事実は全て一定期間ないし半永久に閉鎖するなら、その是非を別とすれば、その対処それ自体の一貫性は認められる。しかし広島市への原爆投下の「最終報告」は、他の事柄は記録されつつ、しかし「エノラ・ゲイ」など三機の飛行経路に限っては、愛媛県新居浜港付近とみられる緯度・経度のただ一点しか、つまり経路として線が引ける通過の何々地点が記述されていない。何とも不十分な「最終報告」である。人々を地上に可能な限り露出させてそこに原爆を落とすことを目的にした「反転」投下に、戦時国際法（例えば一九〇七年オランダのハーグで署名され、一九一〇年発効の「陸戦の法規慣例に関する条約」）の蹂躙《じゅうりん》をも超えた途方もない反人倫の疚《やまし》さを感じ、その飛行にだけは、地上の目からどう捕まえられていても、あえて蓋《ふた》を、つまり無記載にせざるをえなかったのだろうか。

八月六日朝の広島地区の高空の米大型三機は経路の所どころで仮に地上から目撃されていても、それぞれのその点を一つの線で繋ぐ作業が日本側で行われるとは米側では考えもしなかったのであろうか。確かに、点を繋いで「反転」飛行という線の提起をしたのは、被爆の翌八月七日夜の海軍呉鎮守府での検討会の場で前出のように「反転」の言葉が参集者の間からちょっと出たことを別とすれば、知り得る限りでは、ひとり若木重敏氏のみで、これも知り得る限りではあるが、その若木氏の主張を、結論は留保しつつも、注目に値すると見たのは現代史家の秦郁彦氏くらいである。その点では米側が日本側の地上の目をそう気に留めていなかったとしても、とりあえずは正解であったかもしれない。

しかし、「反転」の飛行に蓋をし続けられるその有効期間も半永久的に続くとは限らない。

秦郁彦氏は、開示されている米側の諸文書への疑問をなお堅持している。私自身は米側の化けの皮は剝がれていると考えている。その根拠を主に第一章で縷々《るる》綴ってきたが、さらに、なお一つ二つのことを付け加えたい。

その一つは、先ほども記したことであるが、「エノラ・ゲイ」など三機の、広島市内の原爆投下地点までの、実際に行われた飛行の詳しい経路を、戦後も四分の三世紀経つのに、米側はなお明らかにしていないということである。

もう一つは、地上のある一人の目の存在である。

毎日のように多数の米機が日本上空を行き来していたあの当時ではあるが、爆心地から半径約八十キロは当日未明から午後早くまでは原爆関係機以外の飛行を米側は禁止していたから、あの朝の原爆関係三機の編隊はそれとして目立っていたであろう。周辺の実に広い範囲の市町村でその時刻前後のあのB29の機影、そして広島市に近ければ、原爆の炸裂の光と音が、子供たちも含めておびただしい数の人たちに、人生を通じて記憶されていたと思われる。その時のB29を捉えていたそれぞれの地上の目を入念に探索すれば、「エノラ・ゲイ」など三機の飛行経路も自ずと浮上するのだろうが、あの八月六日からそう年数も経っていない時ならともかく、四分の三世紀を経た今日となっては、あの米三機の記憶がなおはっきりと残る存命者は極めて稀であろう。

次の例はエノラ・ゲイなど三機そのものの目撃ではないが、広島市の周辺地域では各種の原爆体験が子供も含めてしっかりと刻まれていたそんな断片の一つとして紹介する。

二〇一五年に出版された『ぼくの広島・井原《いはら》村　学童疎開日記』（ウインかもがわ発行）という本で、この本の著者で『アレクサンドロス東征記およびインド誌』（一九九六年、東海大学古典叢書・訳書）などの業績がある古代ギリシャ・マケドニア史専攻の大牟田《おおむた》章《あきら》氏が、海軍の軍港を抱えて空襲の危機に晒された広島県呉市から同じ県の当時の高田郡井原村に小学校六年の学童集団疎開をし、疎開先の井原国民学校での八月六日の体験の怖さを、それが原子爆弾というものとは知らずに日記に綴っていた。「何か強烈な光が『ピカッ』と光った。しばらくすると『ドーン、ドドドド……』といふ爆音《ママ》がものすごく響いて来た」と、その年ごろの字で記されている。この井原村は爆心地から北東へ二十数キロは離れていたが、その距離でも閃光と轟音の物凄さが小学生の日記にも確実に記録されている。

そうした光と音のみではなく、「エノラ・ゲイ」の編隊と考える以外にない大型三機の飛行を地上ではっきりと眼《まなこ》に焼き付けられた少年もいる。

広島市の爆心地から南東へほぼ四キロ、山陽本線広島駅から上り方向へ二つ目の向洋《むかいなだ》駅の近くに家があった、当時中学校一年の田坂静男《たさかしずお》氏は家で被爆はしたが、ガラス片が体中に突き刺さる負傷で済んだ。八月六日朝七時ごろ田坂少年は警戒警報発令のラジオ放送を聞き、家の玄関を出て空を見上げた。おそらく朝七時九分に発令され、七時三十一分に解除された、広島地区へのあの警戒警報のことと思われる。田坂少年の目は高空を走る三本の飛行機雲を捉えた。一機が前に、二機が後ろの方に続き、一センチくらいの機体がきらきらと光っていた。

その時刻と機数は、前出の海軍呉鎮守府報告書が記録している、豊後水道を北上して広島県中部を旋回し、そして播磨灘に脱去した「敵大型三機」と一致する。一機が前に二機が後方にという田坂少年の目に映じた三機の隊型も、原爆投下の「エノラ・ゲイ」が先頭に、爆発観測と撮影の各一機が「エノラ・ゲイ」の後方に続いたという米側諸文献で描写されているそれと重なる。

すでに何度も説明しているように、八月六日は、原爆投下予定時刻とされた午前八時十五分の四時間前から六時間後まで、広島市の投下予定地点からであろうがキロ換算で半径八十キロ余の圏内は原爆関係以外の米機の飛行は禁止されていたし、広島、小倉、長崎市へそこの気象観測のために各一機、計三機が「エノラ・ゲイ」の三機より一時間くらい早くそれぞれテニアン島基地を出発しているが、気象観測の三機はそれぞれ全く別方向への飛行であり、それらが日本上空に入った時刻も田坂少年が三機を見た朝七時ごろよりよほど早いので、田坂少年が目撃した三機編隊はこの気象観測の三機ではありえない。

中学校一年だった田坂少年は前日の日曜日も勤労動員に出ていて、月曜日の六日はその代休として家にいた。爆心地から約四キロと離れてはいても、少年の家の中はかなり壊れた。ただ、代休で家にいたので、六日朝にB29の三機編隊が原爆炸裂の一時間ほど前に広島市の上空を飛行していたこと、そして、その時刻ごろのラジオ放送のことも伝え得る貴重な証言者となった。

以前にその田坂静男氏が首都圏に在住であることを知り、年数を置いてではあるが、東京都内で本人と二度会った。一センチくらいの大きさの、きらきら光る三機編隊が飛行機雲を引きながら高空を飛んで行くというその描写はよく呑み込めた。私も小学校五年の二、三学期のころ、年月で言えば昭和十九年（一九四四年）秋から二十年の初春にかけて東京近郊の最初の集団疎開先でB29と思われる一機か二機くらいが長い真っ白い飛行機雲の尾を作って飛んでいるのに見とれていた。その光景自体が興味深く、機影に対して敵愾心《てきがいしん》は生じなかった。私は日記を付けていなかったが、先の大牟田少年は、爆心地から二十数キロも遠い山村に達した原子爆弾炸裂の光と音を字に残した。そんな中で当の広島市内のある一角で、原爆炸裂よりは一時間ほど前の広島市の高空を飛ぶ三機の編隊が田坂少年の目に映じ、記憶に留められた。それは若木氏の主張を輪切りにした早い時間のその一片を確実に裏付けている。

そして、実は田坂少年のこの目撃は、広島県庁、広島市役所などの記録文献と合わせると決定的に重要であることが分かってくる。

その一つは広島市役所編集発行の『広島原爆戦災誌　第一巻　総説』で、そこに「市民たちは警報発令のつど、出たり入ったりで、五日の夜から六日にかけて眠るひまもなかった。明け方になって、やっと防空服装のまま横になり、まどろみかけたとき、また、警戒警報のサイレンで叩き起こされた。六日午前七時九分、ラジオは『敵B29四機が広島市西北方上空を旋回中』と、報じたが、まもなく退去し、七時三十一分にはこの警戒警報も解除され、『中国軍管区内上空に敵機なし』と報ぜられた」とある。

また、財団法人広島県警友会編集発行の『「原爆回想録」―四十年目の検証』の概説の所にも「(八月)五日夜からの度々《たびたび》の空襲警報で疲れ果てた人々は、ようやく束の間の寝《しん》についた。そして六日午前七時九分、再びラジオは『敵B二九、四機が広島市西北方上空を旋回中』と報じた。しかし、これも間もなく機影は消え」(括弧内、振り仮名は筆者)と記述されている。この著作はあの八月六日に被爆し他界した広島県の多数の警察職員を弔《とむら》おうと試みた存命職員らの体験集で当時の再現が忠実に試《こころ》みられている。

これらを読んで私がとくに見落とせなかった一つは、敵B29、四機が―という箇所である。「エノラ・ゲイ」など原爆投下関係の三機より一時間以上早く気象観測機三機が広島、小倉、長崎市へとそれぞれ向かったが、その中の広島市を担当した一機は気象報告を終えてからもなおかなりの時間その辺に滞空していたことが米側の諸文献に記されている。いったんは通り過ぎる「エノラ・ゲイ」など原爆投下関係の三機と気象観測のこの一機が午前七時ごろに広島市の上空を飛び、旋回もしていたことから、敵B29四機が――と中国軍管区司令部は一括りにして情報を放送局に出していたとみられ、そして、この「敵四機」という機数こそ「エノラ・ゲイ」など三機がその時刻にすでに広島市上空にいたことを明確に裏打ちしている。

アメリカ当局側が広島市への原子爆弾投下の「最終報告（FINAL REPORT）」でも、そして、その後も、「エノラ・ゲイ」など三機の日本上空での飛行経路を、これだと虚偽の開示をしていないのは、公式に虚偽は言えず、加えて、田坂少年のような「地上の目」があり、また、地上のラジオ放送が「敵四機」と正確に告げていることをB29機上のラジオ放送傍受者（Radio Operator）も捉えていたことを承知していたからなのかもしれない。

人体を対象にした未曾有の巨大実験

屋上屋《おくじょうおく》のきらいがあるかもしれないが、ここで一つのまとめをしておく。

八月六日午前七時九分に広島地区に警戒警報を出させた四機とは、海軍呉鎮守府の報告書に出てくる原爆投下の「エノラ・ゲイ」と随伴の二機、そして、これに広島市上空に暫く留まっていた気象観測機の一機であり、そう断定できる。マンハッタン計画指揮官グローヴズの回顧録（『NOW IT CAN BE TOLD〈今は語れる〉』）によれば、広島市への原爆の投下は午前八時十五分と設定されているので、「エノラ・ゲイ」ほか二機は一時間前後も早く広島地区の上空に入っている。ではすぐに原子爆弾を投下してテニアン島基地に帰ってもよさそうなのに、投下時刻の午前八時十五分は破られていない。この午前八時十五分の投下を守るために、「エノラ・ゲイ」など三機はいったん瀬戸内海の東部へと去り、そこで時間待ちの旋回をし、発令されていた警戒警報が解除されるや「反転」して広島市に向かった。

しかし、仮に警戒警報がなお続行中でも、時間待ちの「エノラ・ゲイ」など三機はその時刻が近づいたら「反転」して、きっちり午前八時十五分投下をめざし広島市へ飛んだであろう。関係する米側が設定したその午前八時十五分が正確に守られたのは、史上初の原子爆弾を、たとえ仮に警戒警報中であってもそれなりに通勤で混んでいるその時刻の地上をめがけて空中で炸裂させ、真の狙いが実験である原爆初使用の効果を最大限に挙げようとしたためであろう。

以前の対ドイツ戦線でも名を上げ、抜擢されていた「エノラ・ゲイ」機長ポール・ティベッツはその作戦の遂行に成功した。百点満点であったようだ。気象情報にかかわらずその朝、広島地区が全くの曇天であった場合は、あくまで目視での精密投下を原爆機は求められたので、第二の候補地の小倉市か第三のそれの長崎市にまで飛ばなくてはならず、その場合も、初の原爆投下としてやはり通勤時の午前八時十五分を狙うには、第一候補地の広島市上空には相当に早く来て天候を見定めていなくてはならない。彼らにとって幸いなことに広島市は晴れていたので、「エノラ・ゲイ」など三機はかなりの時間どこかで待機していられれ、それも、現に発令中だった広島地区の警戒警報を解除させたり、しかし、また新たに発令されないくらい広島地区からは比較的離れた辺りでの時間待ちができ、予定の「反転」投下に願ってもない条件が生まれていた。海軍呉鎮守府報告書は、「エノラ・ゲイ」など三機に当たる「敵大型三機」の、八月六日午前七時すぎの広島地区から播磨灘への脱去を記録しているが、本書では、この播磨灘に臨む岡山県児島半島の上空を「敵機」が旋回していて、今度は広島県に侵入したとの岡山市防空本部・岡山市警防課の八月六日付の記録にも注目した。

米原爆機の「エノラ・ゲイ」など三機の瀬戸内海上空での一九四五年八月六日朝の「反転」周回は、米側が実に緻密に練り上げた、主に人体を対象にした未曾有の巨大実験を支える不可欠の飛行であったのである。

もし、広島市が急に全くの曇天となっていて、第二、第三の候補地の小倉市か長崎市に広島市からさらに米原爆機が飛ばなくてはならなくなった場合、いかなる策謀が小倉、長崎市に関して用意されていたか否か、これは不明である。

前代未聞のジェノサイド（genocide=皆殺し）と言うほかない核炸裂によるこの大人体実験は、戦前、戦中からの日本へのさまざまな偏見、誤解、デマ、そして明治期以降の日本の独り善《ひとよ》がりからも生じたアメリカ側の対日嫌悪、憎悪も大きく影響して引き起こされたと考える。

おわりに

長崎に「反転」はなかったか

アメリカから原子爆弾を落とされたのは、一九四五年八月六日のウラン型での広島市と、その三日後の八月九日のプルトニウム型での長崎市だが、「反転」投下という米側の策謀を扱った本書で長崎市について何の言及もないのはなぜか、という疑問が出るかもしれない。本文の中でそれについて説明しておこうと思ったが、そもそもからややこしい話の流れを一層込み入らせたくなかったので、この「おわりに」でそれを済ませたい。

長崎市への原子爆弾投下も、開示されている米側の資料やその他の文献によれば、広島市へと同じく投下機と随伴二機の三機編隊で、投下の第一予定地を福岡県小倉市、第二を長崎市と定めて計画された。しかし、米側にとってはまず完璧だったらしい広島市への投下と違って、二回目はこれでも同じ原爆作戦かと原爆部隊の第五〇九混成部隊内が自問せざるを得なかったほど拙《つたね》く、従って二回目の投下作戦はそこに策謀が潜んでいたのか否かも、見えてこない。

米側の資料、文献から分かっていることは、二回目の原爆投下機と随伴二機が九州上空に侵入する前に落ち合う場所は、九州南方の鹿児島県屋久島《やくしま》上空だったが、随伴二機のうちの一機が、待てども姿を見せず、やむなく投下機と随伴のもう一機だけで第一目標の小倉市に向かった。が、視界不良で必須の目視投下ができない。なんとか投下点へ目視で落とせる空隙《くうげき》を見出せないかと、暫く飛び続けたが無理だった。結局、原爆の二機は第二目標の長崎市へ向かったが、そこも曇りになってしまっていた。それでも滞空を続け、やっと隙間を見つけて投下したものの、そこは本来の狙いの市中心部からは外れていた。予定の投下時刻は最初の広島市よりは遅く設定されていたようだが、それをも大きく超える午前十一時頃になっていた。

なお、なんとか目的を果たしたこの二機は、屋久島上空で落ち合えなかった随伴のもう一機と長崎市へ向う途中で合流できたが、屋久島で出合えなかった原因は、米側の文献によればその機が飛行高度を誤まったからのようである。米側にとっては広島市への第一幕と違い、なんとも当初から冴えない第二幕だったようだ。

ともあれ、長い歴史のなかで当時の米トルーマン民主党政権がいかなる裁きを受けることになろうと、現在までの米側の状況は、少数の批判者を除くと、日本への史上初めての原爆投下は、やはり科学力と経済力と軍事力が結合したアメリカ文明の一つの大成果という認識が今なお、知識層も含めて一般的には非常に根強いように思われる。

主敵のアメリカに白旗を掲げ、和を乞う以外なかった

一方、この原子爆弾投下と切っても切り離せない第二次大戦終末期の日本側の顚末についても、本文の屋上屋になることを恐れつつ、やはりなお鍬《くわ》を入れざるをえない。「井の中の蛙《かわず》大海を知らず」という諺《ことわざ》は、あの時期の日本の政府・軍部・メディア、そして国民のおそらく多くについても言えるのであろう。

日本に対する二度にわたるアメリカの原子爆弾投下について勉強していると、とても気持が苦しくなってくる。原爆開発も含めて米側の状況に疎《うと》かったとは言え、あの被爆を防ぎ得る可能性が日本には当時、十分に残されていたのに、それを日本は自ら捨て去ってしまっていたということである。

一九四五年(昭和二十年)の五月初め、日本の同盟国のナチス・ドイツは西から押し寄せた米英と、東からのソ連に個別に無条件降伏し、日本自身も、本土の多くの大中小都市、各種の生産施設は通常の空襲などで壊滅し、軍事的にも海軍の艦艇はほぼ全滅し、ごく僅かな残存艦艇も燃料不足で動けず、このため陸軍も本土と大兵力が残る大陸、南方が切断され、一般の国

民生活も窮乏して栄養失調の気配すらも出始めていた。六月下旬までに沖縄県も米軍に占領される。六月二十二日、遂に昭和天皇自身が政府と統帥（戦争遂行の機関）が同席の場（この場合の形式は最高戦争指導会議構成員懇談会）で終戦への意思を表明する。当時の大日本帝国憲法（明治憲法）によれば、国政、統帥の両大権を併せ持つ天皇と言えど、国政大権は閣僚の、統帥大権は解釈によって陸軍の参謀総長と海軍の軍令部総長の輔弼《ほひつ》（助言）をそれぞれ受けて行使するものとみなされていた。

六月二十二日の昭和天皇の終戦意思の表明が、憲法上、あるいは解釈により助言権を持つ誰々に促されて行われたかは分からない。木戸幸一内大臣が働き掛けたとの見方を本文で紹介したが、言わば天皇付き政務秘書の内大臣に憲法上の公式の助言権はない。しかし、仮に助言権者からは天皇に正式な話はなかったとしても、六月二十二日の天皇の意思表明に対して鈴木貫太郎首相も東郷茂徳外相も、その他の軍出席者も慎んでそれを承《うけたまわ》っている。天皇の意思表明も政府・統帥の恭順も危機的事態での超法規的対処だったのか。あの時期の昭和天皇の意思表明に使われる「聖断」は、そこの機微、つまり超法規的性格を表現する一種のごまかし的表現であったのであろうか。

そうならそうで、政府・統帥は終戦への最善、最短の方策に至急に取り組まなければならなかった。それは直接にでも永世中立国のスイスなどを通そうと、ともかく主敵のアメリカに、和を乞う接触の希望を、何よりも先に申し出ることであった。そのころ、知日派のジョゼフ・グルー前駐日大使は幸いにも国務次官であり、七月三日にジェームズ・バーンズが国務長官に就くまではなお国務長官代理の日々が続いていた。そのことは日本側でも分かっていた。また、日本はその事実を知る由もなかったとしても、ウラン型とプルトニウム型の二種類の原子爆弾を米側が製造中で、しかしまだ完成したかどうかのぎりぎりの段階で、テニアン島基地にはなお運ばれてはおらず、投下の準備はできていなかった。米ニューメキシコ州の荒涼地でのプルトニウム型原爆の爆発実験が行われたのも、まだ先の七月十六日である。ソ連はそのころ対日侵攻の準備中でしかなかった。

この段階での白旗でも、後にポツダム宣言を受諾しての終戦の時と似た降伏条件を日本は受け入れざるをえなかったかもしれないし、一九〇四～五年の日露戦争の勝利で得た南樺太《みなみからふと》をソ連に返還することも米側にあるいは強いられたかもしれないが、せめて六月から七月半ばくらいまでに日本が米側に降伏する意思のあることを伝え、戦闘中止を宣言していれば、結局対日非参戦で終わるソ連との間でそれ以上の領土問題が発生することもなく、日本の関係要人を処刑したりした戦後の極東国際軍事裁判（東京裁判）にソ連が加わる余地もなかっただろう。

生きた実際の日本の大都市に原子爆弾を投下する未曾有の大実験へ向けて全速回転中のマンハッタン計画の指揮官グローヴズや関係科学者集団は、日本に原爆を実験投下する間際にまで来ての終戦に猛反対の動きに出たではあろう。が、日本軍の無条件降伏を求めるポツダム宣言も発出されていない段階で日本が自主的に和を乞うた場合、国務長官に就任前後の対日強硬派ジェームズ・バーンズから、天皇制度廃止の牽制をかけて終戦交渉をこじらせ、その間に原子爆弾を投下すべしとあるいは強圧されても、いくら新前の、そして本文で見たようにバーンズに負い目がある大統領トルーマンであろうと、現に矛《ほこ》を収める申し出をし、あるいはそのための代表を、米側指定の場所に急派しようとしているその日本に対し原子爆弾を落とせただろうか。

しかし、時の鈴木貫太郎首相、つまりは日本政府は、主敵のアメリカに直《じか》に白旗を掲げる正攻法を取らず、すでに日ソ中立条約の更新はしないと、期限切れのほぼ一年前に当たる一九四五年四月五日に対日関係の変更を明確に伝えてきているソ連に、なお一年間は同条約も有効だからとそのソ連に日米終戦の仲介を依頼する。なんとも信じ難い最悪の選択を、決定的瞬間とも言うべき時期にしてしまった。

それは時間の浪費と鈴木首相の考えに猛反対した東郷外相も結局折れ、ソ連への仲介依頼へと進むが、適当にあしらわれ不首尾に終わったことは本文でも触れた。本書の主題からあまり逸れないように本文ではそこまで立ち入っていないが、日本政府側は対米仲介の代償として南樺太はおろか、戦争で得たものではない全千島列島までソ連に引き渡す用意をしていた模様である。とりわけ千島列島のうちの南のいわゆる北方四島（歯舞《はぼまい》、色丹《しこたん》、国後《くなしり》、択捉《えとろふ》）は一八七五年（明治八年）のロシアとの樺太・千島交換条約で全千島列島が日本領となる以前から日本に属していた純然たる日本固有の領土であるのにである。

アメリカが原子爆弾をほぼ完成し、日本への投下の準備に入っていることをいくら日本側が知らなかったとは言え、ナチス・ドイツの勝利を頼みの綱にして対米英宣戦をした日本であれば、ナチス独の敗北、そして繰り返すが、沖縄県も米軍に奪われ、原子爆弾の投下以前に米機の通常の空襲で日本全体が壊滅状態に陥り、海軍の艦艇はほぼ消えて本土は孤立し、国民の栄養失調も発生していた時、日本の政府・統帥が取るべき道は、正面から胸を張って堂々と主敵のアメリカに白旗を掲げ、和を乞う以外にはなかった。それが真の勇気ではなかったか。ひざまずけと言われたら、そうすればいい。

21世紀（令和）の今も「井の中の蛙……」の持病を患う日本

ここで私は何を言おうとしているのか。

当時の日本の政府、統帥と大きく見ればいいのか、それとも首相とその周辺、加えて陸相、海相、陸海軍統帥部の両総長と絞ったらいいのか、あるいは知識層を含む日本人のおおむねの傾向なのか、その判断に苦しむが、世界の状況、趨勢、それを告げる外からの善意とも思える信号に日本側は余りにも無爲、無感覚であったということである。本文でも記したが、アメリカからは海軍情報将校のエリス・ザカライアスがフォレスタル海軍長官の承認を受けて、天皇制度存続の終戦が可能なことを示唆する短波放送を続けていたし、そして永世中立国スイスの首都ベルンからは海軍の藤村義朗スイス駐在者が、ベルンに設置されていたアメリカの戦略事務局（OSS）欧州本部のアレン・ダレス本部長（戦後に新設立の米中央情報局〈CIA〉の長官）の側との密な接触で得た、やはり天皇制度容認の終戦が可能との緊急電報を海相と海軍軍令部総長に何度も送っていたのに無視されてしまった。いずれの信号も、それを受けて日本政府が行動に移っていたら、ソ連の参戦はおろか広島市の被爆の前に戦争は終わっていた。戦後も暫くしてから藤村氏は米国で当のアレン・ダレス氏と再会する。その時にダレス氏は、スイスのベルンを舞台にあの戦争を終結させられたのに日本側はその好機を逸した旨のことを藤村氏に語ったようである。この事実は、藤村氏の他界後の一九九三年三月三十一日に刊行された『追憶　藤村義朗先生』（藤村先生追憶集出版編集委員会編集・発行）の中に藤村氏の述懐として出てくる。そのアレン・ダレス氏から戦後に打ち明けられた内容を詳しく聞かせてもらいたく、一九九二年の春先に私は藤村氏にお目にかかることになっていて日時まで決まっていたが、人を介してご本人から延期の申し入れがあり、日を経ずして氏は他界された。

この本を書いていた二〇一九年、自由民主党と公明党が連立する安倍晋三政権が、中国の国家主席を、「二〇二〇年の桜の花の咲くころ」に日本に国賓として招き、国家最高の礼遇をすることが報じられ、両国ともその準備を続けたようだが、結局、二〇二〇年初頭前後からの中国での新型コロナウイルス感染症の激発とその日本などへの拡大によってとりあえず延期となった。

いまウイグル人という、独自のウイグル語を持つ八、九百万の中国内のイスラム系少数民族が百万単位で強制収容所に事実上監禁され、そこで実際にいかなることが発生しているか、真相は外部にはほとんど不明という信じ難い、歴史的にも想像を絶するような事態が発生していることが海外では頻《しき》りと報じられている。

一方で、これまでの歴史的経緯から「一国二制度」が適用されている香港《ホンコン》でも二〇一九年にその制度を破壊しようと企てた、全土監視体制の中国とその「出先」の香港政府に対する必死の抵抗運動《レジスタンス》が繰り広げられた。

日本の立場からのみ見ても、沖縄県石垣市の尖閣諸島への中国公船の領海侵犯は何らかの既成事実を作っているかのように恒常化し、明確な理由も明らかにされずに中国への日本人旅行者、滞在者が拘束されている。かかる専制強権国家の国家主席を国賓として最高の礼を尽して招き、一層の権威づけをするということは、その非道の国家に事実上日本が加担していることになるが、これを推進する自民・公明連立政権を追及する動きは、日本の国会与野党にはほとんどみられない。こうして日本は、政権も与野党も悲境のウイグル人、抵抗を続ける香港人などを背中から刺すに等しいことをし続けている。戦前と同じく日本は政府も国会も対外関係において何をなすべきか、なすべきではないか、の方向感覚が時に大きく錯誤する。

広島、長崎市に原子爆弾が落とされた時、私はまだ十二歳で、小学校の最高学年ではあったが、むろん戦闘の経験はなく、すでに本文で記したように学校集団再疎開先の新潟県の山間地にいた。が、そうした所でも常に戦争は感じられた。

一九四五年（昭和二十年）の八月八日、そうした過疎地にまで配達されていた日刊紙に大きく、広島市に「新型爆弾」が落とされ、「相当の被害」が発生したという当時としては意外と正直な大本営発表が報じられ、「新型爆弾」とはいったい何なのか、と教員も学童も不安に包まれた。長い年月が経ってから知ったことだが、疎開先の県庁所在地である新潟市では、至急の疎開をすべしとする県知事の布告が出て、市内は大混乱に陥っていた。県庁がある都市なのに、なぜかなお無差別絨毯爆撃を免れていたことから、広島、長崎市の次はここではないかという恐怖からの突然の県知事布告だったようだが、広島、長崎市への原爆投下の直近まで米側も新潟市を原爆投下の候補地の一つにしていたので、大混乱を生もうと県当局の予感、対処は正しかった。

それよりは前のある夜、学童も眠りかけていたころ、鈍く重い轟音が長く続き、みながみな怖がった。どうして原因が分かったのか教員が来て、これは茨城県の太平洋岸の日立《ひたち》地区が艦砲射撃を受けているのだと教えてくれた。それが山彦《やまびこ》となって遠い日本海側の山地にまで伝わってきていたのであった。この艦砲射撃で多くの一般住民が犠牲になったことを後に知った。ある防空壕に退避した女子挺身隊も艦砲の直撃弾を受け、全員が一瞬に消滅した。

そんなある日、陸軍の親泊《おやどまり》朝省《ちょうせい》大佐（当時大本営報道部員）という人が学童の宿泊寮に講演に現われ、「日本は勝つ」と言った。その人の子息もこの小学校の低学年にいてやはりここに集団疎開していた縁で学校が招いたのだろうが、その親泊氏は日本敗戦後に妻と子供と共に自決した。「日本は勝つ」と学童・教員に断言した責任も親泊氏は取ったのであろうか。この人は旧琉球王家の一族であった。

ポツダム宣言を日本政府が受諾し、あの大戦が終わってからも三カ月ほど学童はなおこの山間地に留まり、東京都内に戻ったのはその年の十一月に入ってからだった。米軍の進駐で都内の治安が不安定化すると思われたからだろう。

そんな中、私を含む集団再疎開の学童はもちろん、おそらく教員も気付かなかったのではないかと思われるが、再疎開した先の一偶のある寺に、日本の占領下でイギリスの植民地から独立したビルマ（現在のミャンマー）のバー・モウ国家主席が亡命し、匿《かくま》われていたのだった。「満《まん》洲《しゅう》国の人」と噂されていたようだ。結局、バー・モウ氏は翌年の一月に、東京・皇居前の連合国軍総司令部（ＧＨＱ）に出頭し、ビルマに送還されたが、それまでの間、新潟県のこの山間地の有志は血判状まで作り、秘密裡に独立ビルマの国家主席バー・モウ氏の世話をした。食べ物を毎日運んだりである。その血判状の一員の妻は、連合国側に見つかったら自決する覚悟をし、衣服の襟《えり》に青酸カリ入りの容器を縫い付けていた。年月を経て、その当人から私は聞いた。

それから七十有余年後に、よもや日本政府が、かつては独立の民であった少数民族のウイグル人を百万単位で強制収容し、その民族を消す棄教その他の「民族浄化」とかまでを、国内問題を隠れ蓑《みの》に強行していることが海外の活字メディアでは頻《しき》りと報じられ、一方、身を犠牲にして香港人がその専制強権体制に抵抗している当の中国の国家主席を国賓として招こうとしたとは――。しかし、国会与野党のどこも党としての反対声明の一つも出さない。そういう国にまで日本が変わろうとは、不明ながら私は想像もできなかった。

この本を書く調べをしつつ、「井の中の蛙大海を知らず」という宿痾《しゅくあ》がどうして日本に、日本人に、とりわけ明治期以降こびり付いたのか、と考えさせられ続けてきた。

たとえ仮契約であったとは言え、日露戦争の勝利でロシアから得た南満洲鉄道の日米共同運営を米鉄道事業家と日本政府は取り決めておきながら、日露講和談判から戻った一外相の横槍でいとも簡単に反故《ほご》にしてみたり、相手側からも強く望まれたという事情は確かにあったにしても独立国の朝鮮（大韓帝国）の併合に走ったり、列強の目が欧州に釘付けになっている隙を狙ったかのように、第一次世界大戦中に、事実上の属国化を狙ったような、間もなく撤回せざるをえなくなる条項を含む二十一カ条要求というものを清《しん》の後継の中華民国に突き付けたり、日本側が所有の南満洲鉄道などが各種のテロに悩まされていたとは言え、そうなら、そのテロ問題をなぜ当時の国際連盟にまず正面から提起し、糾弾することをせずに満洲占領という軍事行動に出たのか。支那事変（日中戦争）を解決するトラウトマン調停が継続していたのに、どうして第一次近衛文麿《このえふみまろ》政権は、調停の続行を求める陸軍参謀本部側の切なる訴えにも耳を貸さず、それを退け、事変拡大の破滅の道に突き進んだのか。

そして時が経ち、一九四五年六月六日に、もはや戦闘継続不可能という報告が内閣の関係部門から最高戦争指導会議に提起されたにもかかわらず、なぜ主敵のアメリカに直接、終戦の談判を申し入れず、それは無意味かつ不可能という忠告、建言が佐藤尚武駐ソ大使からも繰り返されていたのに、どうして鈴木貫太郎首相は、アメリカへの仲介をわざわざソ連に頼み込む最劣策を東郷茂徳外相に押し付けたのか。

時は過ぎ時代は変わって一九八九年に、民主化を要求する北京《ペキン》・天安門広場の大群集を中国政府が虐殺し、国際的制裁が中国に発動された際、いち早く日本政府がその国際連帯を破って対中経済援助を再開したり、あまつさえ今上《きんじょう》天皇に訪中までさせて虐殺国家の歓を得ようとしたりした。みくびられた日本はその中国からその後に凄まじい反日政策を受ける。

これらについての勉強はなお一つ一つ続けなければならないこととは思う。しかし今、この「おわりに」の最後に明記しなければならないのは、明治、大正、昭和、平成の百数十年にわたって、結局は日本を滅《ほろぼ》し、あるいは苦境に立たせ、蔑視の眼《まなこ》も招いてきたこうした「井の中の蛙……」の病癖がまた日本で再現されかかってはいないのか、ということである。中国の国家主席を国賓として招く予定を変えたくないために、その国との往来をとりあえず全面的に遮断する公衆衛生上の必須の措置も取れず、中国で激発中の新型コロナウイルス感染症の日本への拡大を引き起こしてしまったのではないか。

日本への原子爆弾投下の問題から離れたような「おわりに」となったが、しかし、あの原子爆弾投下の問題を勉強している中で、ここに到達したのである。あの時二発の原子爆弾を日本は明らかに避けられたのに、この時も、「井の中の蛙……」の持病を患う日本が、決定的瞬間に世界の情勢をおよそ認識できなかったのである。本書の冒頭の「ある既視感がよぎる」とは、このことである。

最後に、原稿の加筆、修正を辛抱強く見守っていただいたワックの仙頭寿顕書籍編集長に厚く感謝申し上げます。

二〇二〇年春

筆者

参考資料・文献一覧

本文中に出典が記載されているもののほとんどは、ここでは省略している。米側で開示されている公的資料は、それ自体の標題の無いものが多く、ここでの列挙を断念した。新聞、事典、人名録類も省略した。掲載はおおむね出版順である。年代、月日は西暦の洋数字に統一した。

・『大東亜戦争終戦に関する資料』（１９４５年９月４日から同月６日の第八十八臨時議会において配布された政府作成資料）
・加瀬俊一著『ミズリー號への道程』（１９５１年４月５日、文藝春秋新社刊）
・編集兼発行東京都『東京都戦災史』（１９５３年３月30日）
・服部卓四郎著『大東亜戦争全史　第四巻』（１９５３年８月５日　鱒書房刊）
・ジョセフ・マークス著、日本経済新聞社外報部訳『ヒロシマへの七時間―原爆を運んだ12人の記録』（１９６８年７月20日、日本経済新聞社刊）
・防衛庁防衛研修所戦史室著『戦史叢書　本土防空作戦』（１９６８年10月20日、朝雲新聞社）

・清水清編『原爆爆心地　付・広島市原爆爆心地復元市街図』（1969年7月20日、日本放送出版協会刊）
・広島県警察史編さん委員会編『広島県警察百年史』下巻（1971年、広島県警察本部発行）
・広島市役所編集兼発行『広島原爆戦災誌　第一巻　総説』（1971年8月6日発行）
・広島市役所編集兼発行『広島原爆戦災誌　第三巻』（1971年10月6日発行）
・防衛庁防衛研修所戦史室著『戦史叢書　本土決戦準備〈1〉―関東の防衛―』（1971年11月30日、朝雲出版社刊）
・広島市役所編集兼発行『広島原爆戦災誌第五巻　資料編』（1971年12月8日発行）
・広島県編集発行『広島県史　原爆資料編』（1972年3月31日発行）
・冨永謙吾編『現代史資料　太平洋戦争5』（1975年3月31日、みすず書房）
・岡山県警察史編さん委員会編『岡山県警察史　下巻』（1976年3月31日、岡山県警察本部刊）
・「国鉄の空襲被害記録刊行会」編纂・日本国有鉄道施設局監修『国鉄の空襲被害記録』（1976年12月1日刊）
・発行責任者高山信武『荒尾興功さんをしのぶ』（1977年3月刊）
・松谷誠著『大東亜戦争終結の真相』（1980年5月20日、芙蓉書房刊）
・日本の空襲編集委員会第七巻責任編集―岡田智晶『日本の空襲―七　中国・四国』（1980

年9月10日、三省堂刊）
・編集発行広島県『広島新史　資料編Ⅰ（都築資料編）』（1981年3月31日刊）
・伊藤隆、照沼康孝解説『続・現代史資料4　畑俊六日誌』（1983年3月30日、みすず書房刊）
・東郷茂徳著・東郷茂徳記念館編『時代の一面（外相東郷茂徳〔Ⅰ〕）』（1985年5月15日、原書房刊）
・保科善四郎・大井篤・末国正雄著『太平洋戦争秘史』（1987年6月1日、発行責任者保科善四郎・財団法人日本国防協会刊）
・広島県編集発行『広島県戦災史』（1988年3月25日刊）
・岡山県史編纂委員会編『岡山県史第十二巻　近代Ⅲ』（1989年3月31日、岡山県刊）
・財団法人広島県警友会編集発行『「原爆回想録」――四十年目の検証――』（1989年8月1日刊）
・笹本征男著「原爆被害初動調査における日本軍の役割」（1989年4月15日発行の『歴史と社会』通巻第9号に掲載の論文）
・若木重敏著『広島反転爆撃の証明』（1989年7月15日、文藝春秋刊）
・秦郁彦著『昭和史の謎を追う』下（1993年3月5日、文藝春秋刊）
・奥住喜重・工藤洋三・桂哲男訳著『米軍資料原爆投下報告書―パンプキンと広島・長崎―（1

９９３年９月20日、東方出版刊）
・奥住喜重・工藤洋三訳著『第五〇九混成群団作戦計画の要約』（１９９４年５月25日＝非売品）
・E・パートレット・カー著、大谷勲訳『戦略・東京大空襲』（１９９４年12月21日、光人社刊）
・小山仁示訳『米軍資料　日本空襲の全容　マリアナ基地B29部隊』（１９９５年４月25日、東方出版刊）
・平塚柾緒編著『米軍が記録した日本空襲』（１９９５年６月５日、草思社刊）
・中村隆英・宮崎正康編『史料・太平洋戦争被害調査報告書』（１９９５年８月５日、財団法人東京大学出版会刊）
・ロナルド・タカキ著・山岡洋一訳『アメリカはなぜ日本に原爆を投下したのか』（１９９５年６月９日、草思社刊）
・トマス・パワーズ著・鈴木主税訳『なぜナチスは原爆製造に失敗したか』（１９９５年８月10日、福武文庫、ベネッセ・コーポレーション刊）
・笹本征男著『米軍占領下の原爆調査、原爆加害国になった日本』（１９９５年10月５日、新幹社刊）
・ロナルド・シェイファー著・深田民生訳『日本空襲にモラルはあったか』（１９９６年４月25日、草思社刊）

・大谷内一夫訳編『ジャパニーズ・エア・パワー――米国戦略爆撃調査団報告　日本空軍の興亡』（1996年8月30日、光人社刊）
・奥住喜重・工藤洋三訳著『米軍資料　原爆投下の経緯　ウェンドーヴァーから広島・長崎まで』（1996年9月20日、東方出版刊）
・軍事史学会代表者伊藤隆編『防衛研究所図書館所蔵　大本営陸軍部戦争指導班　機密戦争日誌　下』（1998年10月26日、錦正社刊）
・鳥居民著『昭和二十年　第一部＝7　東京の焼尽』（2001年7月20日、草思社刊）
・奥住喜重、日笠俊男著『米軍資料　ルメイの焼夷電撃戦　参謀による分析報告』（2005年3月10日、吉備人出版刊）
・スティーヴン・ウォーカー著・横山啓明訳『カウント・ダウン・ヒロシマ』（2005年7月15日、早川書房刊）
・竹山昭子著『史料が語る太平洋戦争下の放送』（2005年7月20日、世界思想社刊）
・『地図中心　二〇〇五年号外　被爆60年増刊号』（2005年8月1日発行）
・奥住喜重著『B29　64都市を焼く　1944年11月より1945年8月15日まで』（2006年2月10日、揺籃社刊）

・繋沢敦子著『原爆と検閲　アメリカ人記者たちが見た広島・長崎』（２０１０年６月25日、中公新書）
・木村朗、ピーター・カズニック著『広島・長崎への原爆投下再考――日米の視点――』（２０１０年11月15日、法律文化社刊）
・廣部泉『グルー――日本の真の友――』（２０１１年５月10日、ミネルヴァ書房刊）
・東京原爆症認定集団訴訟を記録する会編『原爆症認定訴訟が明らかにしたこと―被爆者とともに何を勝ち取ったか』（２０１２年４月20日、あけび書房刊）
・本多巍耀著『原爆を落とした男性たち―マッド・サイエンティストとトルーマン大統領』（２０１５年10月26日、芙蓉書房出版刊）
・ヘンリー・スティムソン、マクジョージ・バンディ著、中沢志保・藤田怜史訳『ヘンリー・スティムソン回顧録　下』（２０１７年６月30日、国書刊行会刊）
・ハーバード・フーバー著、ジョージ・H・ナッシュ編、渡辺惣樹訳『裏切られた自由―フーバー大統領が語る第二次世界大戦の隠された歴史とその後遺症　下』（２０１７年11月15日、草思社刊）
・多田仁・高嶋賢二著『12番伊方監視哨の遺構と遺物』（愛媛県西宇和郡伊方町の町見郷土館の２０１８年３月23日発行の研究紀要第４号に掲載の論文）

・多田仁・高嶋賢二著『三崎監視哨の記録』（右記と同じ研究紀要の２０１９年３月28日発行の第5号に掲載の論文）

・JOHN HERSEY 〝HIROSHIMA〟（1946, published by Random House, Inc）

・〝THE UNITED STATES STRATEGIC BOMBING SURVEY THE EFFECTS OF THE ATOMIC BOMB ON HIROSHIMA JAPAN volume Ⅱ Physical Damage Division〟（May 1947）

・General Curtis E. LeMay with Mackinlay Kantor 〝Mission with LeMay MY STORY〟（1965, DOUBLEDAY & COMPANY, Inc.）

・PAUL TIBBETS with Clair Slebbins and Harry Franken THE 〝TIBBETS STORY〟（1978, Stein and Day Publishers New York）

・RICHARD RHODES 〝THE MAKING OF THE ATOMIC BOMB〟（1986, Simon & Schuster, Inc.）

・Edited by Knneth M. Delich 〝THE Manhattan Project:A Secret Wartime Mission〟（1995, Discovery Enterprises, Ltd.）

・STANLEY WEINTRAUB 〝THE LAST GREAT VICTORY〟（1995, TRUMAN TALLEY BOOKS）

長谷川 熙（はせがわ・ひろし）
1933年、東京生まれ。慶應義塾大学文学部哲学科哲学専攻卒。1961年に朝日新聞社に入社。88年初めまで経済部など新聞の部門で取材、執筆し、次いで、創刊の週刊誌『AERA』に異動。93年に定年退社したが、その後もフリーの社外筆者などとして『AERA』を舞台に取材、執筆を2014年8月末まで続ける。
1990年前後に、歴史的な転換をしつつあった東西ドイツなど中東欧諸国、旧ソ連内の各地、また北朝鮮に接する中国の延辺朝鮮族自治州などを取材した。
著書に『崩壊　朝日新聞』『偽りの報道—冤罪「モリカケ」事件と朝日新聞』『自壊 ルーズベルトに翻弄された日本』（以上、ワック）、『コメ国家黒書』『松岡利勝と「美しい日本」』『アメリカに問う大東亜戦争の責任』（以上、朝日新聞社）、『新幹線に乗れない』（築地書館）などがある。

疑惑《ぎわく》 なぜB29は“反転《はんてん》”したのか？

2020年5月30日　初版発行

著　者　長谷川 熙

発行者　鈴木 隆一

発行所　ワック株式会社
東京都千代田区五番町 4-5　五番町コスモビル　〒102-0076
電話　03-5226-7622
http://web-wac.co.jp/

印刷製本　大日本印刷株式会社

ISBN978-4-89831-819-5